Gestión Del Tiempo

Cómo Ser Productivo
(Guía Sencilla Para Gestionar Tu Tiempo)

Vulcano Reyes

Publicado Por Daniel Heath

© **Vulcano Reyes**

Todos los derechos reservados

Gestión Del Tiempo: Cómo Ser Productivo
(Guía Sencilla Para Gestionar Tu Tiempo)

ISBN 978-1-989853-93-1

Este documento está orientado a proporcionar información exacta y confiable con respecto al tema y asunto que trata. La publicación se vende con la idea de que el editor no esté obligado a prestar contabilidad, permitida oficialmente, u otros servicios cualificados. Si se necesita asesoramiento, legal o profesional, debería solicitar a una persona con experiencia en la profesión.

Desde una Declaración de Principios aceptada y aprobada tanto por un comité de la American Bar Association (el Colegio de Abogados de Estados Unidos) como por un comité de editores y asociaciones.

No se permite la reproducción, duplicado o transmisión de cualquier parte de este documento en cualquier medio electrónico o formato impreso. Se prohíbe de forma estricta la grabación de esta publicación así como tampoco se permite cualquier almacenamiento de este documento sin permiso escrito del editor. Todos los derechos reservados.

Se establece que la información que contiene este documento es veraz y coherente, ya que cualquier responsabilidad, en términos de falta de atención o de otro tipo, por el uso o abuso de cualquier política, proceso o dirección contenida en este documento será responsabilidad exclusiva y absoluta del lector receptor. Bajo ninguna circunstancia se hará responsable o culpable de forma legal al editor por cualquier reparación, daños o pérdida monetaria debido a la información aquí contenida, ya sea de forma directa o indirectamente.

Los respectivos autores son propietarios de todos los derechos de autor que no están en posesión del editor.

La información aquí contenida se ofrece únicamente con fines informativos y, como tal, es universal. La presentación de la información se realiza sin contrato ni ningún tipo de garantía.

Las marcas registradas utilizadas son sin ningún tipo de consentimiento y la publicación de la marca registrada es sin el permiso o respaldo del propietario de esta. Todas las marcas registradas y demás marcas incluidas en este libro son solo para fines de aclaración y son propiedad de los mismos propietarios, no están afiliadas a este documento.

TABLE OF CONTENTS

Parte 1 1

Introducción 2

El Significado Del Tiempo 5

Gestión Del Tiempo 10

¿Qué Es La "Gestión Del Tiempo"? 12

Importancia De La Gestión Del Tiempo 18

¿Qué Es La Gestión Del Tiempo? 18

¿Por Qué Es Importante La Gestión Del Tiempo? 18

Estrategias, Técnicas Y Métodos De Gestión Del Tiempo 23

Análisisabc 23

Análisis De Pareto 24

El Método Eisenhower 26

¿Es Estoimportante? ¿Esto Es Urgente? ¿O Ambos? 26

Método Porec 27

Boxeo Del Tiempo 29

Técnica De Triaje 30

La Ley De La Granja 30

El Documento De Identificación Del Sueño (D.I. Sueño) 31

¿Cómo Hacer Tu D.I. Sueño? 31

Pero Hey, ¿Cómo Va A Ahorrar Mi Tiempo? 32

La Técnica Pomodoro 33

Come La Rana 34

Lista De Quehaceres 34

Los 18 Minutos 34

Técnica Lope 35

Las Habilidades De Gestión Del Tiempo Que Debe Tener 36

Consejos De Gestióndeltiempo 42

Conclusión 50

Parte 2 52

Introducción 53

Capitulo 1 – Cómo Realizar Una Buena Lista De Quehaceres 55

Pequeñas Tareas 57

Etiquetas 58

Prioridades 59

- Elige El Medio 61

- Elabora Varias Listas 61

- Kiss (Mst) 62

- Mit (Tmi) 63

- Comienza Fácil 63

- Desmenuzalo 63

- Hacela Pública 64

- Programá El Programar 64

- Recuerda El Pasado 65

- Sé Flexible 65

Capítulo 2 – Utilizando La Lista De Quehaceres 66

Pasos A Seguir 75

Porqué? 77

Tiempo 77

Preparación (Adelantarse) 78

Revisar 79

Información Necesaria... 79

Escribe Tu Lista La Noche Anterior 81

Califica Los Contenidos 81

Capítulo 3 – Errores Comunes De Administración Del Tiempo Y Lista De Quehaceres 84

Desperdiciar Energía Mental 104

Capítulo 4 – Metas Elevadas Para Las Listas De Quehaceres... 105

Capítulo 5 – Apps Que Facilitan La Gestión De Las Listas De Quehaceres................................. 119

Capítulo 6 – Cómo Capturar Ideas Sobre La Marcha E Incorporarlas A La Lista De Quehaceres 134

Software 138

Software De Captura De Ideas Universales...... 140

Apps De La Web Para Capturar Ideas 141

Capítulo 7 – Cuando Trabajascon Tareas Rutinarias (Como El Email) 147

Otras Tareas Rutinarias....................................... 152

Capítulo 8 – Revisando El Progreso De Los Quehaceres...... 158

Capítulo 9 – Qué Hacer Cuando Te Sentís Superado 162

Qué Es Abrumado?...... 162

Qué Pasa Si No Tengo Tanto Timpo?...... 170

Qué Debo Hacer Para Poder Decir No? 171

Mis Cosas Están Tomando El Poder De Mi Vida?
...... 172

Es Malo El Estrés?...... 173

Qué Sucede Cuando Siento Ansiedad?...... 174

Cómo Puedo Dejar De Enfocarme En El Reloj?
...... 175

Capítulo 10 – Superando La Procastinación..... 176

Perfeccionismo 178

Falta De Habilidades...... 180

Falta De Motivación 181

Falta De Disciplina 181

Guía Paso A Paso 183

También Otras Cosas Importantes: 184

Capítulo 11 – Otros Consejos Utiles Para Maximizar Tus Listas De Quehaceres 192

Conclusión 196

Parte 1

INTRODUCCIÓN

Tiene que haber algo, algún atributo de personalidad que le dé a una persona el impulso emocional para continuar trabajando duro y superar todas las barreras hasta que se logren sus objetivos. Estas cosas se llaman excelencia, talento y, a veces, productividad.

Pocas personas saben cómo hacer su trabajo. Como encontrar formas de alejarse de las turbulencias situacionales sin importar qué. Estas personas son conocidas como las personas altamente productivas. Hacen lo que muchas personas promedio no logan hacer.

La calidad del trabajo que producesdentro de unos límites de tiempo particulares generalmente se considera productividad. Pero, qué tan concentrado y atento trabajas depende de una combinación de muchos atributos mentales y comportamentales. Para comprender varios trucos de productividad, deberás comprender primerotus propios bloqueos mentales y tus hábitos desfavorables. Por ejemplo, echa un vistazo a la siguiente lista. Cuando trabajas:

- ¿Crees que eres distraído fácilmente por los ruidos mentales?
- ¿Crees que te tomas demasiado tiempo para superar los eventos traumáticos de la vida?
- ¿Crees que nunca tomas medidas para mejorar a pesar de conocer tus debilidades?
- ¿A menudo sufres de la procrastinación?
- ¿Te gusta a menudo hacerte la víctima?

Si tus respuestas a estas preguntas son afirmativas, debes trabajar en ti mismo y en tus hábitos. Nadie puede ayudarte a mejorar tu productividad, excepto tú. La respuesta simple aquí es el desarrollo personal. Tienes que mejorar y por eso tus hábitos deben que cambiar.

Las diferencias entre el éxito y el fracaso son pocas y muy específicas. Las personas exitosas son emocionalmente inteligentes; son conscientes de sus fortalezas, saben cómo usarlas; no temen al fracaso, nunca dudan en recibir críticas, y siempre les encanta aprender y mejorar.

Más que cualquier otra práctica en tu carrera, tu capacidad para administrar el tiempo determinará tu éxito o fracaso. Es una ecuación simple. Cuanto mejor uses tu tiempo, más lograrás y mayores serán tus recompensas.

Si no eres productivo, descubre las razones. Ponte en acción. No importa si tienes el talento o si eres hábil o no, estos no son los problemas. Aumenta tu autoconciencia. Comprende por qué no puedes trabajar de manera eficiente o qué te impide trabajar de manera eficiente. Conoce tus fortalezas. Trabaja duro para fortalecer esas fortalezas. Este libro es un excelente recurso quepresenta los consejos y trucos para la productividad de grandes líderes y expertos.

Comprenderás lo fácil que es identificar las estrategias principales de éxito. Agarra una copia y dale una oportunidad. Pero lo más importante, trata de ejecutar lo que aprendes aquí. Todo lo demás caerá en su lugar a partir de entonces. ¡Feliz lectura!

El significado del tiempo

Tiempo significa el progreso de eventos, y también la forma en que se mide este progreso (utilizando horas, días, años, etc.).

El tiempo también puede significar el punto en el tiempo al que se refiere una persona. Por ejemplo, en la pregunta "¿cuál es la hora?", el orador pregunta sobre un punto específico en el tiempo, un momento específico en el progreso continuo de eventos.

Time (tiempo, en inglés) es una palabra de origen germánico. Las antiguas palabras "tide" (inglesa) y "tima" (germánica)significan tiempo. Sin embargo, también significan marea (como en las mareas del mar). Hay algo significativo acerca de esta definición. Encapsula cómo, al igual que las mareas del mar continúan moviéndose de una manera que es observable y medible, también los eventos continúan progresando de una manera que es observable y medible. Entonces, en resumen, el tiempo se refiere a:

- La progresión de eventos
- La forma de medir la progresión de eventos utilizando horas, segundos, años, etc.
- Momentos específicos en el tiempo, como las tres en punto o el 2 de enero.
- Metafóricamente, a través de palabras etimológicamente afines, el movimiento de la historia y la vida similar al de las mareas.
- Un espacio de tiempo específico (por ejemplo, una vida o el tiempo permitido para un examen).

Todos tenemos cierto sentido del tiempo, ya sea la agonía de esperar o los momentos increíblemente rápidos de emoción. Pero, la mayoría de nosotros rara vez reflexionamos sobre el origen de esos sentidos y sensibilidades.

Los seres humanos comenzaron a medir el tiempo hace tantos años que no hay un comienzo claro de cuándo y cómo surgió el concepto.

Obviamente, los primeros humanos observaron los rituales diarios de la salida y puesta del sol, y el ascenso y eldescenso de la luna. Gradualmente, la gente comenzó a calcular los intervalos y adjuntar lo que llamamos números a esos eventos.

No fue que alguien alguna vez descubrió un elemento universal de tiempo que dictaba esos pasajes. Si eso hubiera sucedido, algunos de nuestros conceptos de tiempo bien podrían haber evolucionado de manera diferente. Pero, como demostró Einstein, el tiempo en sí es relativo.

Por ejemplo, hoy pensamos que el tiempo desde que Jesús estuvo en la tierra fue hace mucho tiempo. Si te dijeran que ese largo período de tiempo (unos 2000 años) fue solo una pequeña parte delos 2.000.000 años (más rápida que un parpadeo) desde los inicios del planeta Tierra, probablemente te resulte difícil entender el significado de esa métrica en términos humanos. Aun así, parece mucho tiempo.

Para muchos humanos vivos hoy en día, la muerte de JFK hace 50 años parece historia antigua. Los 150 años transcurridos desde el discurso de Lincoln en Gettysburg parecen tanto tiempo que pocos captan su cercanía y actualidad con respecto al hoy.

Las personas de 80 años de edad hoy han estado vivas por más de un tercio de la vida de los Estados Unidos. Para alguien de esa edad, es difícil de creer. (Los lectores más jóvenes simplemente tendrán que creerme).

Un año luz es la distancia que recorre la luz en un año (a una velocidad de 186.282,4 millas por segundo, o unos 461 millones de millas por hora).

Uno podría decir: "¿Cómo diablos se supone que debemos pensar en el tiempo y las distancias de esa manera?". En términos humanos, tales escalas son insondables, y muchos de nuestros posibles destinos teóricos están a miles o millones de años luz de distancia.

Entonces, si queremos comenzar a pensar seriamente acerca de la exploraciónexoplanetaria, ¿tendremos que volver al casillero uno y repensar nuestros conceptos básicos de tiempo y distancia y quizás hacer unareingenieria de la especie humana, al menos para algunos de nosotros, para una vida indefinida?

Algunas de las medidas fundamentales del tiempo, la distancia y la dirección, como los 360 grados en un círculo, podrían haber sido otros números, como 3600. Pero los conceptos de esos fundamentos son fijos, y universales. (Para sortear esta aparente limitación, ¡algunos físicos ahora están postulando la existencia de tal vez miles de millones de universos adicionales!). Y, hasta ahora, estos fundamentos, nuestro sistema de tiempo y distancias, nos han servido bastante bien para lo que los necesitamos aquí en la madre tierra.

En épocas anteriores, diferentes lugares y regiones mantuvieron sus propios horarios de manera similar a las zonas horarias que tenemos hoy. Luego Greenwich, Inglaterra se convirtió en el marcador base del tiempo global y de los cronómetros (los precursores de los relojes individuales) hace apenas un par de centenios. Y, ahora con Internet, aunque puede ser más oscuro o más claro en diferentes lugares cada día, realmente estamos en una zona horaria global, ¡la cual es AHORA!

Todo esto se engloba en lo siguiente: dado que el tiempo es básicamente un constructo humano para satisfacer las necesidades humanas a medida que crecemos y evolucionamos, es lógico pensar que podemos y debemos repensar e intentar adaptar nuestras ideas y nuestro uso del tiempo en algo que sea más útil en la próxima era del Universo.

Gestión del tiempo

La "gestión del tiempo" es el proceso de organizar y planificar cómo dividir tu tiempo entre actividades específicas. La buena administración del tiempo te permite trabajar de manera más inteligente -no más difícil- de modo que puedas hacer más en menos tiempo, incluso cuando el tiempo es escaso y las presiones son altas. El no poder administrar tu tiempo daña tu efectividad y causa estrés.

Parece que nunca hay suficiente tiempo en el día. Pero, dado que todos tenemos las mismas 24 horas, ¿por qué algunas personas logran mucho más con su tiempo que otras? La respuesta está en la buena gestión del tiempo.

Los más exitosos manejan su tiempo excepcionalmente bien. Al utilizar las técnicas de administración del tiempo en esta sección, puedes mejorar tu capacidad para funcionar de manera más efectiva, incluso cuando el tiempo es limitado y las presiones son altas.

La buena gestión del tiempo requiere un cambio importante en el foco, llevarlo desde actividades hacia los resultados: **estar ocupado no es lo mismo que ser eficiente**. (Irónicamente, lo opuesto suele estar más cerca de la verdad).

Pasar el día en un frenesí de actividad a menudo logra menos, porque estás dividiendo tu atención entre muchas tareas diferentes. La buena administración del tiempo te permite trabajar de manera más inteligente, no más difícil, para que puedas hacer más en menos tiempo.

¿Qué es la "gestión del tiempo"?

"Gestión del tiempo" se refiere a la forma en que organizas y planificas cuánto tiempo gastas en actividades específicas.

Puede parecer contrario a la intuición dedicar tiempo precioso a aprender sobre la gestión del tiempo, en lugar de usarlo para continuar con tu trabajo, pero los beneficios son enormes:

- Mayor productividad y eficiencia.
- Una mejor reputación profesional.
- Menos estrés.
- Mayores oportunidades para el avance.
- Mayores oportunidades para lograr importantes logros en la vida y en la carrera.

El no poder administrar tu tiempo efectivamente puede tener algunas consecuencias muy indeseables:

- Plazos incumplidos.
- Flujo de trabajo ineficiente.
- Pobre calidad de trabajo.

- Una mala reputación profesional y una carrera estancada.
- Mayores niveles de estrés.

Dedicar un poco de tiempo a aprender sobre técnicas de administración del tiempo tendrá grandes beneficios ahora y a lo largo de tu carrera.

- **Revisiones semanales**

  Revisiones semanales y actualizaciones también son una estrategia importante. Cada semana, como una noche de domingo, revisa tus tareas, tus notas, tu calendario. ¡Tenga en cuenta que a medida que se acercan los plazos y los exámenes, tu rutina semanal debe adaptarse a ellos!

¿Cuál es el mejor momento en una semana en el que puedas hacer las revisiones?

- **Prioriza tus tareas**

  Al estudiar, adquiere el hábito de comenzar con el tema o tarea más difícil. Estarás fresco y tendrás más energía para usarlos cuando estés en tu mejor momento. Para cursos de estudio más difíciles, trate de ser flexible: por ejemplo, agregue tiempo de reacción cuando pueda obtener retroalimentación sobre las tareas antes de que se sea el momento de entrega.

¿Qué tema siempre te ha causado problemas?

- **Alcanza la "etapa uno" - ¡haz algo!**

El adagio chino del viaje más largo que comienza con un solo paso tiene un par de significados: ¡Primero, inicias el proyecto! En segundo lugar, al comenzar, puedes darte cuenta de que hay algunas cosas para las que no has planeado a lo largo de tu progreso. Los detalles de una tarea no siempre son evidentes hasta que comienzas la tarea. Otro adagio es que "la perfección es el enemigo del bien", ¡especialmente cuando te impide comenzar! Dado que construyes en revisión, ¡boceta toscamente tu idea y comienza a trabajar! Tendrás tiempo para editar y desarrollar más tarde.

¿Cuál es el primer paso que puedes

identificar para comenzar con una tarea?

- **¡Pospone actividades innecesarias hasta que el trabajo esté terminado!**

  ¡Pospón tareas o rutinas que pueden posponerse hasta que termine tu trabajo escolar!

  Este puede ser el reto más difícil de la gestión del tiempo. Como estudiantes, siempre nos encontramos con oportunidades inesperadas que parecen atractivas, y luego resultan en un bajo rendimiento en una prueba, en un papel o en preparación para una tarea. Las actividades de distracción serán más agradables más adelante sin la presión de la prueba, la tarea, etc., colgando sobre tu cabeza. Piense en términos de orgullo de logro. En lugar de decir "no", aprende a decir "más tarde".

  ¿Cuál es una distracción que hace que dejes de estudiar?

- **Identificar recursos para ayudarte**

  ¿Hay tutores? ¿Un amigo experto? ¿Has probado una búsqueda de palabras clave en Internet para obtener mejores explicaciones? ¿Hay especialistas en la biblioteca que puedan indicarte fuentes? ¿Profesionales uorganizaciones especializadas? Usar recursos externos puede ahorrarte tiempo y energía, y resolver algunos problemas.

Escribe tres ejemplos para ese tema difícil que especificaste arriba.

Sea lo más específico posible.

- **Usa tu tiempo libre sabiamente**

  Piense en los momentos en que puedes estudiar "trozos" como cuando caminas, tomas el autobús, etc. ¿Tal vez tengas música para escuchar de tu curso sobre apreciación musical o ejercicios de aprendizaje de idiomas? Si estás caminando o andando en bicicleta hacia la escuela, ¿cuándo mejor de escuchar? ¿Tal vez estás en una línea de espera? Perfecto para tareas rutinarias como leer fichas, o si puedes concentrarte, leer o revisar un capítulo. La conclusión es poner su tiempo en buen uso.

¿Cuál es un ejemplo de cómo aplicar el tiempo libre a tus estudios?

- **Revisa notas y lecturas justo antes de la clase**

    Esto puede disparar una o dos preguntas sobre algo que no entiendes, para preguntar en clase o después. También le demuestra a tu maestro que estás interesado y preparado.

¿Cómo generarías tiempo para hacer una revisión?

¿Hay tiempo libre que puedas usar?

- **Repasar notas de clase justo después de clase**

    Revisa el material dado inmediatamente después de clase.

    Las primeras 24 horas son críticas. ¡El olvido es mayor cuando pasan 24 horas sin revisión!

Importancia de la gestión del tiempo

¿Qué es la gestión del tiempo?

Es un conjunto de principios, prácticas, habilidades, herramientas y sistemas que te ayudan a usar tu tiempo para lograr lo que deseas.

¿Por qué es importante la gestión del tiempo?

La gestión del tiempo es importante para tu vida personal y para el éxito profesional. Te enseña cómo administrar tu tiempo de manera efectiva y aprovecharla al máximo.

Estas son algunas de las razones por las que es tan importante y cómo puede ayudarte a usar y administrar tu tiempo de manera más ventajosa:

1. El tiempo es un recurso especial que no puedes almacenar o guardar para un uso posterior. Todos tenemos la misma cantidad de tiempo cada día. El tiempo mal utilizado no puede ser recuperado.

2. La mayoría de las personas, sienten que tienen demasiado que hacer y no tienen suficiente tiempo. Culpan a la falta de

tiempo por sus malas finanzas, el estrés, las malas relaciones y por no poder ejercitar su cuerpo.

La administración inteligente del tiempo puede ayudarte a encontrar el tiempo para lo que deseas y para lo que necesitas hacer.

3. Necesitas tiempo para obtener lo que quieres de la vida. Si esperas que aparezca un tiempo extra, puedes perder el juego de la vida. A través de la gestión correcta del tiempo, puedes "crear" el tiempo que necesitas y no solo esperar a que llegue. Al planear su tiempo sabiamente, tendrás más tiempo para hacer más cosas.

4. La gestión del tiempo te ayudará a establecer tus prioridades.

5. El tiempo se limita a las 24 horas del día, así que planea tu vida con prudencia.

6. La administración del tiempo te ayuda a tomar decisiones conscientes, para que puedas dedicar más tiempo a hacer cosas que son importantes y valiosas para ti.

7. Puedes aprender a encontrar el tiempo para las cosas que son importantes para ti.

Incluso una pequeña cantidad de tiempo una vez al día, o incluso una vez a la semana, te acercará a tus metas y te sorprenderá el progreso que realices.

8. Te vuelves una persona más productiva utilizando mejores habilidades y herramientas de gestión del tiempo, y puedes lograr más con menos esfuerzo y tiempo. La administración del tiempo puede ayudarte a reducir el tiempo y la energía desperdiciados, puede ayudarte a ser más creativo y productivo, y permitirte hacer lo correcto en el momento adecuado. Esto, por supuesto, conducirá a más equilibrio y satisfacción en tu vida.

9. La vida actual presenta muchas distracciones y, por lo tanto, es muy fácil perder el tiempo en actividades sin importancia. Pregúntate, si estar viendo este o ese programa de televisión, leer este o ese chisme o participar en esta actividad determinada va a agregar algo a tu vida. ¿El tiempo empleado en una actividad en particular está bien empleado o es solo una pérdida de tiempo y energía?

10. La vida pone delante de todos tantas

opciones cada día, y la pregunta es: ¿sigues lo que aparece en tu camino o eliges conscientemente lo que quieres hacer? ¿Permites que las distracciones externas te distraigan de tu objetivo, o usas la fuerza de voluntad y la autodisciplina para caminar hacia tu objetivo en línea recta, sin perder tiempo y energía?

11. Un cierto grado de desapego y paz interior son útiles para administrar tú tiempo de manera efectiva. Te ayudan a evitar gastar demasiada energía emocional y mental en lo que las personas dicen y piensan sobre ti. Te ayudan a mantener la calma, a pesar de las distracciones o dificultades, y esto te ahorra mucho tiempo y energía, que puedes gastar en actividades mejores y más gratificantes.

Hay muchas cosas que puedes hacer y herramientas que puedes usar para administrar tu tiempo de manera efectiva. Cada día se pierde mucho tiempo, que ser puesto a mejores fines. Hay cambios que puedes hacer, que aumentarán efectivamente el tiempo que tienes a tu disposición todos los días.

Pensar, planificar, descubrir cómo los demás administran su tiempo y leer libros y artículos sobre la gestión del tiempo desarrollarán estas habilidades y te brindarán buenas ideas.

Entre los muchos cambios que puedes hacer para administrar tu tiempo, hay uno que es importante y de fácil acceso, y que es levantarse temprano en la mañana. Deja de ver la televisión a altas horas de la noche y ve a dormir un poco antes de lo habitual. Entonces será más fácil despertarse antes.

Incluso despertar solo 15 minutos antes sería genial. Es un momento de quietud, antes de que todos se despierten, que puedes dedicar a leer, meditar, hacer ejercicio o planificar tu día.

Para deshacerte de la sensación de que tienes mucho que hacer y no tienes suficiente tiempo, intenta sentir y pensar, como si tuvieras todo el tiempo del mundo.

Este tipo de pensamiento te permitiría

enfocarse en lo que estás haciendo, sin estrés ni tensión.

Siempre planea bien tú tiempo y no lo desperdicies en asuntos inútiles. Ten cuidado de no procrastinar (posponer las cosas) y haz todo lo mejor que puedas, con atención y enfoque.

Estrategias, Técnicas y Métodos de Gestión del Tiempo

Vamos a profundizar y meternos más en las tácticas de gestión del tiempo que puedes usar para hackear el tiempo. Estas técnicas de administración del tiempo son esenciales y críticas para tu productividad. Tomate tu tiempo para dominar estas habilidades y esto ayudará a mejorar las habilidades de gestión del tiempo que discutimos anteriormente. Solo ten la dedicación y estarás equipado con los métodos que son esenciales para tu éxito.

AnálisisABC

Utilizando esta técnica de gestión del

tiempo para categorizar y agrupar tus tareas en 3 categorías: A, B y C, donde:

A – Tareas importantes y urgentes.

B – Tareas importantes pero **NO** urgentes.

C – Tareas sin importancia ya sean urgentes o no.

Estos grupos se clasifican según las prioridades, A con la prioridad más alta. Una vez que se asigna una categoría específica a las tareas (A, B o C), las tareas deben tener mayor prioridad en función de un número. Ejemplo, A1 debe hacerse primero que A2. El análisis ABC se puede combinar con otros métodos como el análisis de Pareto que se discute a continuación.

Análisis de Pareto

El análisis de Pareto, a menudo denominado regla 80/20, establece que el 20% del esfuerzo de una persona logra el 80% del resultado. Por ejemplo, si tu objetivo es publicar un libro con un total de 100 páginas de contenido en un mes, el 20% de tu esfuerzo total dará como resultado 80 páginas de contenido. El 80% restante de tu esfuerzo solo dará 20 páginas para un total de 100 páginas (tuobjetivo).

Así que, ¿qué significa? Prioriza tu tiempo en ese 20% de los esfuerzos que resulten en el 80% del resultado. Priorizalastareasqueproducen los MEJORES resultados.

Es importante darse cuenta de que hay ciertos esfuerzos que pueden afectar a la mayoría de tus resultados. **¿Por qué es importante entender esto?**

Si solo el 20% de los trabajadores contribuye con el 80% de los resultados, puede recompensar a estos empleados.

Si solo el 20% de los clientes da como resultado el 80% de sus ingresos, satisfaga primero a estos clientes.

Y la lista continúa. El punto es, enfócate en el 20% que hace la GRAN diferencia, en lugar de concentrarte en el 80% que ni siquiera hace cosquillas.

El método Eisenhower

Este método lleva el nombre del presidente Dwight D. Eisenhower.

Para usar este método, primero debes identificar las tareas que debes hacer para lograr tu objetivo. Después de eso, las tareas son evaluadas con respecto a su importancia, su urgencia, o ambas. Coloca estas tareas en el Eisenhower o "Caja Eisenhower" que tiene cuatro cuadrantes. Solo hazte estas preguntas:

¿Es estoimportante? ¿Esto es urgente? ¿O ambos?

Estas tareas se evalúan según los cuadrantes en los que se encuentran:

1. Urgente e importante: haz estas tareas primero.
2. Importante, pero no urgente: Déjalas de lado. Pon éstas en un calendario y hazlo más tarde.
3. Urgente, pero no importante: estas tareas son delegadas. Asigna a alguien que lo haga o colócalo en la prioridad más baja.
4. No es urgente y no es importante:

elimina estas tareas. Tu tiempo ya está ocupado por tus prioridades en otras categorías.

Aquí hay un ejemplo de la<u>Caja Eisenhower de James Clear</u>con tareas en cada cuadrante:

El Método Eisenhower lo ayuda a dividir tus acciones en cuatro categorías para ayudarte en lo que debe y no debe hacerse.

Método POREC

Con el método POREC, tu: Priorizas Organizando, Racionalizando, Economizando y Contribuyendo.

Para poderaplicareste método y lograr nuestros objetivos, debemos observar más detenidamente y poner la atención en nuestras actividades diarias. Nos permite priorizar mejor convirtiendo los objetivos en partes manejables de pequeños proyectos.

Con el método POSEC:

1. Priorizar: se trata de definir tus objetivos y organizar tus tareas según su importancia. Esto mejorará la eficiencia

y la eficacia de la persona o el equipo.
2. Organización: implementa una gran estructura sobre cómo realizar tus tareas, especialmente aquellas que realizas a diario para lograr tu objetivo.
3. Racionalización: se refiere a las tareas que menos prefieres hacer, PERO debes hacer de alguna manera y debe completarse. Los ejemplos son las tareas domésticas diarias. Simplifica este tipo de tareas para una mejor eficiencia.
4. Economizar: hay cosas que te gustaría hacer ahora, **PERO** no es urgente. Encuentra los medios para presupuestar tu tiempo en estas tareas.
5. Contribuyendo - Lo que le das al mundo. Estas son tus **obligaciones sociales** como el amor, la amistad, la bondad. Los efectos de estas tareas se ven a largo plazo y pueden no ser evidentes de inmediato. También debes centrarte en estas contribuciones.

El método POSEC se basa de alguna manera en la "Jerarquía de necesidades" de Abraham Maslow.

Método de Reacción Dominó

El Método de Reacción de Domino en la gestión del tiempo por AmitOffir fue explorado más a fondo en el libro ***24/8 – El secreto para ser mega-efectivo al lograr másenmenostiempo.***

> This is the idea that there are actions that you invest in them once and which produce over time in different channels.
>
> Eg : Writing a book is such an action, because it requires a one-time effort, and once you finish it, it continues serving you.

Imagen: "Esta es la idea de que hay acciones en las que inviertes una vez y que producen a lo largo del tiempo por diferentes canales. Por ejemplo **escribir un libro** es una acción tal, porque requiere una trabajo de una sola vez y, una vez terminado, continúa sirviéndote."

Boxeo del tiempo

Con el boxeo del tiempo, en lugar de trabajar en una tarea **hasta** que se realiza, simplemente estás asignando **un límite de tiempo** o un **período de tiempo fijo** para trabajar en cada tarea o grupo de tareas. Por lo tanto, el boxeo de tiempo se centra en el **tiempo empleado** en lugar de las **tareas realizadas**.

Técnica de triaje

Usa la técnica de Triage para agrupar tus tareas en 3 categorías:
1. Cosas que son importantes, pero no urgentes.
2. Cosas que son una pérdida de tiempo.
3. Cosas que necesitan acción inmediata.

Esta técnica en la gestión del tiempo se inspiró en la técnica de clasificación utilizada para tratar las heridas de los soldados durante la era napoleónica.

La ley de la granja

¿Crees que si plantas una semilla de manzana hoy, puedes cosecharla mañana o el próximo mes? ¡Absolutamente no! Al igual que en la agricultura, el logro de objetivos se realiza mediante un curso regular de acción y esfuerzo. No hay atajos; no hay tal cosa como el éxito instantáneo.

El Documento de Identificación del SUEÑO (D.I. SUEÑO)

Nuestras tarjetas de identificación, como el carné de conducir, o la identificación escolar, servirán como prueba de nuestra identidad si, por ejemplo, estuviésemos perdidos. Sin embargo, no existe tal cosa que nos recuerde nuestros sueños si nos perdemos en el camino. Aquí es donde el D.I. SUEÑOdesempeña su función: recordarte tus sueños en los casos en que te quedes estancado en la vida.

¿Cómo hacer tu D.I. SUEÑO?

El primer paso es **IDENTIFICAR TUS SUEÑOS**. Así que adelante, haz al menos 10 listas de tussueñosen la vida. Algunas personas lograrán esto en un abrir y cerrar de ojos. A algunos les costará descubrir sus sueños. No te preocupes, esto es natural. Solo tómate un tiempo y concéntrate, y tendrás tus listas de sueños fácilmente.

Ahora que tienes tus listas de sueños, el segundo y último paso es **PRIORIZAR TUS SUEÑOS**.

Así que sigueadelante y

categorizatussueños de acuerdo con tusprioridades. Esto le ayudará a identificar qué tareas deben administrarse primero, a fin de utilizar tu energía y tus esfuerzos de manera eficaz y eficiente. Las tareasmásimportantesdebenhacerse primero.

- Maximum energy utilisation
- Maximum concentration

- Lesser concentration
- Lesser energy utilisation

- Least concentration
- Least energy utilisation

Imagen:"Sueño 1: máxima utilización de energía, máxima concentración. Sueño 2: menos concentración y menos utilización de energía. Sueño 3: menos concentración y menos utilización de energía."

Después de completar estos dos sencillos pasos, ¡listo, tu D.I. SUEÑO ya está listo! Ten tu D.I. SUEÑO contigo siempre y guárdalo en los mejores lugares donde puedas verlo y notarlo siempre.

Pero hey, ¿cómo va a ahorrar mi tiempo?

Ahora tienes un camino mucho más claro en tu vida. Has identificado tus sueños y lo que más importa en tu vida. Puedes ver la línea final de tu meta ahora y todas sus acciones estarán dedicadas a alcanzar esa meta.

La Técnica Pomodoro

"Pomodoro" es la palabra italiana para "tomate". Este método fue desarrollado por Francesco Cirillo, donde usó un temporizador con forma de tomate para seguir su tiempo cuando estudiaba en la universidad. La idea aquí es poner acciones en varios intervalos de 25 minutos llamados "pomodoros".

Este es tan simple. Puedes lograr esta técnica con estos sencillos pasos:

Identificar qué tareas se deben hacer.

Establecer 25 minutos para hacer las tareas. (Usa un temporizador)

Trabajar en la tarea.

Cuando se acabe el tiempo, vuelve a configurar el temporizador para un descanso de 5 minutos. Usa estos 5 minutos para hacer lo que quieras. Tal vez, ver un video gracioso o hacer un nivel de Candy Crush.

Repita los pasos.

Después de hacer esto cuatro veces, tome descansos más largos (como de 15 minutos).

Come la rana

Come una rana viva a primera hora de la mañana y nada peor te sucederá el resto del día. –Mark Twain.
Su "rana" aquí simboliza **las tareas más difíciles y más importantes**. Haz estas tareas y el resto del día será fácil.

Lista de quehaceres

Este es probablemente el método de administración de tiempo más simple que existe, PERO el más efectivo. Simplemente mantén un documento con listas de tus tareas pendientes a la mano y haz un seguimiento de lo que se debe hacer ahora y qué después.

Los 18 minutos

Este método fue desarrollado por Peter Bregman, el autor de 18 Minutos: Encuentra tu Enfoque, Domina la

Distracción y Consigue Hacer las CosasCorrectas.

5 minutos por la mañana: siéntate y reflexiona profundamente sobre lo que necesitas hacer hoy que te permita terminar el día con la sensación de haber sido productivo y exitoso este día.

1 minuto por hora: Ahora pon una alarma por hora. Cuando suena un pitido, simplemente dedica un minuto a preguntarte si haz sido productivo durante la última hora.

5 minutos por la noche: evalúa tus aprendizajes y lo que sucedió a lo largo de tudía.

Técnica LOPE

Mi sistema incorpora llegar a la causa de por qué no tienes suficiente tiempo y lo que puedes hacer al respecto: Duncan
Mediante esto:

Limpia: analiza tus tareas. Ten un objetivo claro eliminando las pérdidas de tiempo.

Organiza: Organizar todo. Ten un sistema para abordar tus tareas. Sistematiza las tareas repetitivas.

Productivo: Prioriza tus tareas.
Eficiente: Haz las tareas principales.

Las habilidades de gestión del tiempo que debe tener

Antes de meter mano en el aprendizaje del manejo del tiempo, el primer paso es conocer las habilidades de manejo del tiempo que todos deben poseer para comprender y practicar adecuadamente el manejo del tiempo. Estas habilidades actuarán como los fundamentos o el marco de los consejos y estrategias para administrar el tiempo que discutiremos más adelante.

Coaching Positive Performance describió **17 habilidades efectivas de administración del tiempo** que juegan un papel crítico en el análisis de los niveles de productividad propios. Comprender los roles de estas habilidades sobre cómo practicar la gestión del tiempo es muy importante para ser más productivo en todo momento. Las habilidades que se analizan a continuación no son solo para quienes tienen trabajo, sino que también son habilidades esenciales de administración del tiempo para estudiantes y adolescentes.

1. Establecimiento de objetivos. Cada momento dedicado a tomar acción debe acercarte a tus metas. Debes tener la capacidad de dedicar tu tiempo a las cosas que son necesarias para lograr tus objetivos. Esta es una habilidad fundamental de gestión del tiempo que debes tener.

2. Priorización. La mayoría de las personas se enfocan en hacer MÁS cosas, esto está mal y no debería ser el caso. En lugar de enumerar lo que se debe hacer, elimina las tareas que *no deben* ser hechas. Solo elige las valiosas y enfoca tu energía y tiempo en ellos.

3. Autoconciencia. Sé consciente de tus propias preferencias. Otros tienen un estilo diferente de enfrentar una labor al que tienes tú. Examínate a fondo para que puedas tomar el mejor consejo de gestión del tiempo que sea adecuado para ti.

4. Auto-motivación. Es difícil ponerse en marcha cuando te falta la auto-motivación. Deberías sentirse motivado para tomar

acción teniendo en mente sus tareas. Esta es una habilidad esencial de gestión del tiempo que todos deberían tener.

5. Enfoque. No importa qué tan bien hagas tus actividades, no puedes avanzar si te permites distraerte. No te dejes atrapar por cosas innecesarias. Un individuo con una mente enfocada como un láser es alguien que hace grandes cosas.

6. **Toma de decisiones.** Cada día es una batalla constante de toma de decisiones, como qué se debe hacer, qué tareas no se deben hacer, qué tareas se completan, etc. Si no tienes una habilidad sólida para tomar decisiones, puede llevar a problemas serios en todos los aspectos de tu vida. Esta es una gran habilidad para administrar el tiempo ya que perderás mucho tiempo haciendo cosas que realmente no importan, lo que resulta en una mala toma de decisiones.

7. **Planificación**. Planificar te dará un curso correcto de acción. ¿Cuál debería ser la primera? ¿Qué sigue? Saber esto hará que cada acción se realice de manera ordenada. Dado que todo está planeado,

todas las acciones saldrán sin problemas, lo que te ahorrará toneladas de tiempo en el proceso.

8. Habilidades de comunicación. Habrá momentos en que el trabajo no se puede hacer solo, en este caso, necesitas asociarse con otros, y no es posible trabajar con otros sin la comunicación adecuada.

9. Cuestionando y desafiando. No siempre intentes aceptar la tarea que alguien te da. Desafía y pregúntales si crees que no eres tu quien debe estar haciendo la tarea. Esto solamente puede reducir tu carga de trabajo lo que te permitirá centrarte en tus propias tareas.

10. Delegación/Terciarización. Una de las habilidades de administración del tiempo más importantes es aprender a determinar si tus conjuntos de habilidades son adecuados para realizar el trabajo. Si otra persona tiene las habilidades adecuadas para realizar la tarea asignada a ti, es mucho mejor delegar o externalizar estas tareas a ella. Solo asegúrate de orientar a la persona y de proporcionar toda la información necesaria para finalizar el trabajo.

11. Habilidades de afrontamiento / flexibilidad. Se Flexible. Aprende a conquistar los altibajos de tu trabajo. Aprende a hacer frente a todas las cosas que te suceden. Con esto, puedes pensar y planear en lugar de perder tu tiempo preocupándote.

12. Manejo del estrés. Las habilidades de manejo del estrés van de la mano con el manejo del tiempo. Cuando experimentas estrés, tu cuerpo, mente y productividad empeoran. Las energías negativas comienzan a fluir en ti, lo que resulta en un rendimiento y un enfoque deficientes. Como resultado de un rendimiento deficiente, su trabajo comenzará a acumularse y afectará tus habilidades de gestión del tiempo. El manejo adecuado del estrés puede ayudarte a combatir todo esto.

13. Trabajo en equipo. Ningún hombre es una isla. No puedes hacer todas las cosas por ti mismo. Si eres amable y accesible, las buenas relaciones comenzarán a construirse y el trabajo con los demás será fácil. Con esto, las tareas se realizarán rápidamente.

14. Anotar la información vital. No confíes en los recuerdos. Escribe la información necesaria que obtienes. Te sorprenderá de cuánto tiempo podrá ahorrar simplemente porque tiene acceso a la información cada vez que la necesita.

15. Organizaciones. Cuando tus cosas están organizadas, sabes exactamente dónde obtener lo que necesitas en lugar de buscar a ciegas una carpeta simplemente porque la dejaste en algún lugar.

16. Paciencia. No apresures las cosas que no deberían apresurarse o, de lo contrario, cometerás errores y te encontrarás dedicando más tiempo a corregir esa tarea (ojalá sea posible corregirla), cuando de hecho podría haber trabajado pacientemente en la tarea en el primer lugar y no cometer errores.

17. El perdón. Vas a cometer errores y otros pueden decepcionarte. Si no sabes cómo perdonar, volverte demasiado emocional te distraerá de hacer tu trabajo.

Consejos de gestióndeltiempo

Ahora que tienes una mejor comprensión de la gestión del tiempo, lo cual es extremadamente útil, prepárate para tomar medidas mientras te damos estos consejos sobre la gestión del tiempo que puedes usar para "piratear" el tiempo.

1. Planifica y organiza bien. Un curso de acción bien planificado y organizado antes de comenzar una tarea puede ahorrarte TONELADAS de tiempo en comparación con solo ejecutarlo a ciegas. Hay un dicho que dice así: "Si no planeas, planeas fallar".

2. Establecer metas. Establecer metas te da un sentido de dirección hacia donde te diriges. Por lo tanto, estarás en el camino correcto y ahorrando mucho tiempo. Solo asegúrate de que tus objetivos sean eSpecíficos, Medibles, Alcanzables, Realistas y de Tiempo establecido (S.M.A.R.T., inteligente en ingles).

3. Priorizar.

4. Utiliza las listas de tareas para hacer.

5. Se flexible. Las distracciones y las

interrupciones son inevitables, incluso cuando se tiene una gestión del tiempo efectiva. Lo que debes hacer es ser flexible y tener en cuenta las posibles interrupciones del trabajo no planificadas y las emergencias.

6. Conoce tu "horario estelar". Examínate a tí mismo y a qué hora del día te encuentras en tu "mejor momento". Después de eso, usa ese tiempo para planificar tus prioridades.

7. Haz lo correcto primero y haz las cosas bien después. Lo primero significa efectividad y lo segundo es eficiencia. El truco aquí es identificar lo que se debe hacer (efectividad) y luego hacerlo correctamente (eficiencia).

8. Eliminar lo urgente. Un punto claro de distinguir lo que es urgente de lo que es importante es que las tareas urgentes son aquellas con implicaciones a corto plazo, mientras que las importantes son aquellas que tienen implicaciones a largo plazo. Primero debes reducir estas tareas urgentes para que podamos tener suficiente tiempo para actividades importantes; **PARA PREVENIR** que estas actividades importantes se conviertan en tareas urgentes más adelante.

9. Decir "NO" inteligentemente. Debes aprender a rechazar oportunidades innecesarias. Debes saber exactamente y distinguir las prioridades importantes de las no importantes. Solo concéntrate en tus objetivos y decir "No" puede ser más fácil de lo que crees. Una vez que te hayas convencido bastante acerca de la importancia de tus prioridades, decir "No" a las que no son importantes se vuelve fácil.

10. Evita ser un perfeccionista. Ten cuidado, a veces ser "un perfeccionista" puede llevar al desperdicio de tiempo. No te obsesiones demasiado con los pequeños detalles.

11. Batalla la procrastinación. La procrastinación es hacer a un lado las tareas en las que deberías concentrarte en ese momento. Trabaja tu camino para vencerlo.

12. Aprender a descuidar. Existe una gran posibilidad de que nuestras listas de tareas tengan muchas tareas innecesarias. Aprende a descuidar aquellas cosas que no tienen implicaciones a largo plazo para ti.

13. Recompénsate. Establécete una recompensa por cumplir tareas o terminar un trabajo. Estos logros no tienen por qué ser especiales, incluso si solo es un pequeño éxito, aprende a celebrar estos objetivos. Al hacer esto, te estás motivando a ti mismo para cumplir la promesa y obtener esa recompensa.

14. Duerme de 7 a 8 horas al día, haz ejercicio y come alimentos saludables. Muchas personas subestiman el sueño. Dormir al menos 7-8 horas al día puede ayudar a que tu cuerpo y mente se recarguen nuevamente. No pienses que dormir es "perder el tiempo", especialmente cuando tienes mucho trabajo en línea. Necesitamos dormir para que nuestros cuerpos y mentes funcionen bien otra vez. Además, haz ejercicio y come de manera saludable para aumentar los niveles de energía y aumentar la productividad.

15. Dedica tu tiempo a la tarea. Mantén

otras distracciones a un lado: teléfonos inteligentes, navegación en línea, etc. Sécomo un caballo equipado con tapaojos, concéntrate y solo concéntrate en la línea de meta.

16. Comienza temprano. Simple, no solo comenzar temprano puede reducir el estrés, sino que también ayuda a terminar el trabajo antes.

17. Examina las tareas clave y hazlo un hábito. Una vez que conviertas algo en un hábito, ese "algo" ya no será una tarea. ¿Por qué? Debido a que ahora es parte de su vida, hacer estas tareas ya no será un trabajo para ti.

18. Sé consciente de los drenadores del tiempo. Seguro que puedes revisar las notificaciones de las redes sociales, twittear, ver la televisión y jugar en solo 30 minutos, pero si haces todo esto muchas veces al día, absorberá una gran cantidad de tiempo de tu día y disminuirá tu productividad. Al ser consciente de las cosas pequeñas que agotan nuestro tiempo, puedes evitar que lo consuman.

19. Agrega un límite de tiempo para

completar una tarea. En lugar de "voy a hacer esto durante todo el día", por qué no "voy a terminar esto dentro de 4 horas". Este pequeño ejercicio puede mantenerte concentrado y ayudarte a concentrarte más en la tarea.

20. Tómate un descanso y descansa de una tarea a otra. Después de realizar una tarea, deje algo de tiempo para respirar, relájese y despeje su mente antes de continuar con otra tarea. Al hacer esto, te preparas y te concentras nuevamente en el próximo trabajo. Lo creas o no, tomar un descanso puede ayudarnos a mantener el horario programado.

21. Crea un sistema. Un sistema bien planificado de cómo realizar las tareas garantiza un flujo de trabajo sin problemas y mantendrá todo organizado.

22. ¿Esperando? Es una oportunidad para hacer algo. Por ejemplo, estás en una larga fila de personas que esperan que los llamen, puede aprovechar esa oportunidad para revisar tu teléfono en busca de nuevos correos electrónicos o leer tus notas en la escuela si eres un estudiante. Utiliza estos tiempos de inactividad para hacer algo. Usa tus<u>minutos libres</u> sabiamente.

23. Comprometerse. Nada es más importante que comprometerte con tus planes. Comprométete con lo que haces y no te distraigas fácilmente. Ten un control firme sobre tus tareas y podrás lograrlas de manera efectiva.

24. Consolidar tareas relacionadas. Identifica las tareas que son de la misma naturaleza y luego hazlas una tras otra. Por ejemplo, archiva los documentos y luego haz una llamada en lugar de archivar, luego haz una llamada y luego vuelva a archivar. Con esto, ahorras mucho tiempo debido a un enfoque y un flujo ininterrumpidos.

25. Disfruta de lo que estás haciendo. Deja de lado la negatividad. Solo sé positivo en la vida mientras haces tus tareas.

26. Revisa tu calendario de actividades. Examina tu calendario y pregúntate si te está yendo bien con tus horarios, si está adelantado o retrasado para poder aplicar las acciones apropiadas.

27. ¡Deja de preocuparte! Preocuparse es solo una pérdida de tiempo. No cambia nada, solo contamina tu mente con la negatividad. En lugar de pensar demasiado, simplemente actúa.

CONCLUSIÓN

"El tiempo es gratis", pero no tiene precio. No puedes poseerlo, pero puedes usarlo. No puedes conservarlo, pero puedes gastarlo. Una vez que lo hayas perdido, nunca podrás recuperarlo.

Sí, es seguro que el tiempo es como un río. A medida que la corriente del río fluye hacia adelante y nunca regresa. Lo mismo ocurre con el tiempo. Una vez perdido, no se puede recuperar.

Realmente se dice que "No cuentes cada hora del día, haz que cada hora del día cuente". Tenemos que ser muy puntuales y estudiar en nuestras vidas sobre el tiempo. El mundo entero corre junto con él. Si alguien se queda atrás, seguramente será descrito como un perdedor en su vida. Lo mismo sucede con el famoso JimRohns, como dice: "El tiempo es más valioso que el dinero". Puedes obtener más dinero, pero no puedes obtener más tiempo.

El tiempo es como el dinero. Cada día, hora, minuto, segundo es precioso para nosotros. A medida que gastamos el dinero con prudencia, de la misma manera, nuestro tiempo debe gastarse con mucho cuidado. Para este tiempo la gestión es muy esencial.

Otra máxima famosa dice: "Una puntada a tiempo ahorra nueve". Sin embargo siempre lo hacemos mal. Su utilización adecuada es muy necesaria.

Un granjero tiene que cosechar sus cultivos a tiempo, pero si los descuida, los pájaros se comerán esos cultivos o la lluvia intempestiva puede destruirlos.

Un hombre exitoso solo conoce el valor del tiempo porque ha logrado un uso adecuado del tiempo junto con el trabajo duro. Por lo tanto, el tiempo no debe postergarse, sino que cada segundo debe usarse con cuidado.

Solo entonces una persona tocará el cielo del éxito.

Parte 2

Introducción

Ya debes saber que las listas de quehaceres te ayudan a realizar las cosas que debes hacer, pero sabías que la mayoría de la gente que llevan listas de quehaceres no logran realizar las tareas? Porqué es eso? Bueno, eso es para lo que éste libro fue designado, y si estás leyéndolo, es porque algo similar te sucede a ti. Te digo en éste momento que la clave está en el COMO gestionas tu lista de quehaceres. Las buenas nuevas son que yo te voy a mostrar como hacerlo, para que puedas comenzar a realizar las cosas. Aun mejor, con el gran número de apps y tecnologías actuales, es aún mas fácil de gestionar la lista de quehaceres. Las estrategias aquí descritas están designadas para ayudarte a ser mejor en la administración del tiempo y productividad, tanto en tu vida profesional como personal.

Los sistemas que explico incluyen cómo segmentar y estructurar tus listas de manera eficiente, y cómo ésto puedes utilizarlo como ventaja. Mi meta es la de darte herramientas y estrategias necesarias para que todas tus fechas límites sean alcanzadas y tus metas cumplidas. Ya no es suficiente que utilizar papel y lápiz, la vida es mucho más rápida. Ahora con los teléfonos inteligentes, iPads, acompañándonos a todos lados, ésto se puede sortear, puede ser utilizado a nuestro favor y facilitar nuestra vida. Tendrás la libertad en tu vida como para realmente relajarte, sentarte y disfrutar de las comidas, pasar tiempo con tu familia y amigos, y continuar viviendo tu vida.

Este libro hace que las cosas sean más fáciles y te lleva a través de los diferentes aspectos con los que podrás toparte que sean útiles y te ayuden a priorizar el tiempo con el uso de apps y recordatorios que realmente funcionan. Lo único que necesitas es prepararte para revolucionar la manera en que realizas tus listas de quehaceres, porque, una vez que lo hayas hecho, encntrarás que la vida se vuelve más fácil, y que puedes realizar mucho más.

Capitulo 1 – Cómo Realizar Una Buena Lista De Quehaceres

Armar una lista de quehaceres es relativamente fácil. Cualquiera que sepa como leer y escribir puede hacerla. Sin embargo, realizar una buena lista es algo totalmente distinto.

En el armado de tu lista de quehaceres, es importante recordar el porqué la estás haciendo. La razón más importante para hacerla es porque querés optimizar tu productividad personal volviéndote más eficiente en cuanto al manejo de tareas que realizas se refiere, lo que requiere organización y enfoque. Consiguiendo la eficiencia en la organización de las cosas que debes hacer, serás capaz de enfocarte mejor en las cosas que realmente importan.

Solamente Tareas

Cuando ennumeras los items en tu lista de quehaceres, debes entender la diferencia entre tareas, metas y proyectos. Tu lista solamente debe incluir tareas, no proyectos ni metas. Cuando mezclas tareas y proyectos en tu lista, puedes confundirte. Limitando los items a tareas únicamente, serás capaz de organizarte mejor y enfocarte en las cosas que realmente importan.

Toma por ejemplo, tu pareja, tu único amor, digamos que querés que se sienta apreciado/a y amado/a en su cumpleaños, que está a la vuelta de la esquina. Es esa una tarea o una meta? Correcto, es una meta que quieres alcanzar. Ahora, cómo planeás alcanzar esa meta? Quizás quieras sorprenderlo/a con una fiesta en casa, que eso sería un proyecto. Cuáles serían los pasos a seguir para poder completar ese proyecto? Estos pueden incluir, pensandolo un poco, elegir qué comida servir, cocinar esa comida, impresión de las invitaciones, enviar esas invitaciones y preparar actividades para la fiesta, entre otras cosas.

Imagina cómo podría lucir la lista de quehaceres si incluyeras metas y proyectos. Probablemente luciría así:

- Dar una fiesta sorpresa
- Elegir qué comida servir

- Hacer que la pareja se sienta amada
- Enviar invitaciones
- Imprimir invitaciones
- Preparar actividades para la fiesta

No parece confuso? Más allá de eso, no se duplican algunas cosas? Bueno, de eso es de lo que estoy hablando.

Pequeñas tareas

Las buenas listas de quehaceres son aquellas que pueden administrarse de la mejor manera. La mejor manera de armarlas es la de separar las tareas más complicadas y más grandes, en tareas más pequeñas, más simples. Trata de llevar la mayor parte a tareas que puedas realizar en un santiamén y tu mismo. Volvamos a la fiesta sorpresa del ejemplo anterior, te parece?

Veamos la tarea "preparar actividades para la fiesta". Esto puedes separarlo en tareas aun más pequeñas y solicitar ayuda a otras personas de la siguiente manera:

- Buscar juegos populares para fiestas
- Comprar materiales para las actividades
- Ennumerar las actividades

Como puedes ver, tareas más pequeñas, pueden realizarse en un solo paso y puedes realizarlas tu mismo. De ésta manera (al menos la de la fiesta sorpresa) la lista de quehaceres queda más simple y clara.

Etiquetas

Ahora que has desmenuzado las tareas en más simples y básicas, debes etiquetarlas lo más posible con la información necesaria. Hacen que tu lista se vuelva aún más clara y fácil de administrar.

Volvamos al ejemplo de la fiesta sorpresa. Digamos que limitarás el número de actividades a realizar en la fiesta a 5. Podés etiquetar cada una de esas 5 actividades con información del estilo "Accesorios requeridos" "algunos o ningún accesorios requeridos" "juegos para chicos" "juegos para grandes" para que no tengas que volver a ver los detalles de los mismos y puedas ordenarlos rápidamente en categorías y armar el cronograma.Puede no parecer mucho, pero cuando estás haciendo varias cosas a la vez, hasta unos segundos ahorrados cuentan.

Prioridades

La característica final de una buena lista de quehaceres es la Prioridad. Cada categoría es diferente, y como tal, no posee la misma importancia o urgencia. Una buena forma de priorizar las tareas es utilizando los cuadrantes de Stephen Covey, que fueron populares a raíz de su libro publicado "Como hacer amigos e influenciar gente". Los cuadrantes son los siguientes:

I) Tareas importantes y urgentes
II) Tareas importantes pero no urgentes
III) Tareas urgntes pero no importantes
IV) Tareas que no son ni importantes ni urgentes

Obviamente, la prioridad principal se la llevan las que están en el Cuadrante I, tal como llevar a tu hijo al doctor después de 3 días de fiebre o pagar tu factura vencida de la tarjeta de crédito. Ambas, no solamente son importantes sino que también deben de realizarse ahora.

Las que le siguen en prioridad son las del

Cuadrante II, porque, si bien no son urgentes, son importantes, y pueden generar consecuencias si se postergan. Ejemplos de éstas pueden ser, llevar a tu coche periódicamente al service, cambiar aceite; llevar una rutina de ejercicio. Dejarlas hasta que se transforman en urgente, puede ser demasiado tarde y en éstos ejemplos puede causar daños irreparables a tu coche o a tu salud respectivamente.

Las tareas que están en el Cuadrante III son aquellas a las que se le debe dar muy poca prioridad, casi nula, porque por más que sean urgentes, no son importantes. El no cumplimiento de éstas tiene repercusiones menores o ninguna. Un ejemplo bueno es atender el teléfono cuando suena.

Por último, a las que se encuentran en el Cuadrante IV no hay que darle prioridad alguna, ya que no son ni urgentes ni importantes. Porqué perder tu valioso tiempo en ellas? La vida es demasiado corta como para perder el tiempo y energía en ellas.

Este es el aspecto más importante y en él yace el secreto del enfoque para lograr una eficiencia y productividad personal mucho mejor.

Alternativa: El Plan de Accion

El armado de una lista de quehaceres es básico para todos, desde los desganados hasta los obsesivos compulsivos. Hemos discutido hasta ahora el cómo hacer la lista, pero aquí hay algunos consejos que ayudarán para que te atengas a la lista. Un plan de acción que te ayudará a que quieras levantarte y realmente hacerlo.

- Elige el medio

Las listas vienen en diferentes formas y tamaños, todo depende de lo que funcione para el individuo que la arma. Tal vez escribirla en lápiz y papel, sea la manera elegida. Si es así, podés elegir algún app que ayude al armado de esa lista.

- Elabora varias listas

No daña a nadie el estar preparado y tener un respaldo. Lo importante, es tener una lista maestra, con metas a largo plazo, como por ejemplo, limpiar el garage o terminar el trabajo que habría que entregar en un mes. También, debería de haber una lista con proyectos semanales. Finalmente, lo más importante sería el mantener una lista de impacto o alto impacto. Esta debería de incluír las tareas a realizarse día a día, como pasear al perro, ir a la tintorería. Las listas de impacto nunca deberían de agotarse, ya que muchas de estas tareas deben de realizarse diariamente. Además, muchas de las listas diarias o semanales, pueden tener que ver o estar incluídas en la lista maestra.

- KISS (MST)

(KISS Keep It Simple, Stupid) Mantenelo Simple, Tonto. Nada es más simple que evitar todo lo que te intimida y genera miedo de tener una lista interminable de quehaceres. Ver la lista y pensar que las horas del día no te van a dar. Un truco para tener una lista de impacto simple es colocar todo lo que se debe realizar ese día y luego cortarla a la mitad. Deberían de haber 10 o menos tareas a realizar, lo que no es muy importante, se puede colocar en la lista semanal o en la lista maestra.

- MIT (TMI)

(MIT Most Important Tasks) Tareas Más Importantes. Comienza con una o dos tareas que sí o sí deben ser realizadas en el día, para que no termines aspirando la casa en vez de termianr el proyecto que vence al otro día. Aunque el resto de la lista quede sin tocarse, lo que es realmente importante será terminado.

- *Comienza fácil*

Asegurate de incluir algunas tareas simples en la lista de MIT. Algunos ejemplos son "doblar la ropa" "lavar los platos del desayuno" "bañarse" Esto es para que puedas comenzar el día sintiéndote super productivo

- *Desmenuzalo*

Metas como "trabajar en el proyecto" es muy vago e intimida, lo que se traduce en, me da miedo comenzar con esa tarea. Se puede reducir ese miedo y hacer que tus metas sean más manejables si lo desmenuzás en proyectos y tareas más pequeñas. En lugar de escribir una meta tan grande como "trabajar en el proyecto" podrías ir por algo un poco más específico "escribir la mitad del capítulo 3" para el Lunes, y "terminar la otra mitad" el Martes.

- *Hacela pública*

Muchas veces, la manera de llevar a cabo las cosas, es cuando alguien nos "controla". Así que, compartí tu lista de quehaceres con alguien, tal vez pegándola en el refrigerador o colocando un alerta en el calendario en el trabajo para que el grupo esté al tanto.

- *Programá el programar*

Una aspecto difícil al momento de armal la lista de quehaceres es sentarse a armarla. Elegí un momento del día específico para organizarlo y realizarla. Desayuno, almuerzo, cena, o luego de que todos se hayan ido a dormir. Se te hará mucho más fácil.

- Recuerda el pasado

Una manera de empujar la productividad es recordarte qué tan productivo fuiste ayer. Una lista escrita de todo lo que realizaste el día anterior, por más pequeña que sea, te ayudará a convencerte de que te mereces una palmada en la espalda y puedas seguir adelante.

- Comienza de cero

Haz una nueva lista cada día para que los items anteriores no se cuelen en la agenda o sean olvidados (no se realicen).

- Sé flexible

He aquí un consejo: Siempre deja unos 15 minutos de prórroga cuando armes el cronograma de actividades de la lista de quehaceres. Algo puede surgir en el medio y tirar por la borda tu cronograma. Por ejemplo que se inunde el baño o se congele tu computadora. Lo más importante es mantener la calma y seguir adelante respirando profundamente. Tal vez puedas terminar algunas MIT antes de tiempo.

Capítulo 2 – Utilizando La Lista de Quehaceres

Estas listas son similares al conocimiento, si no se usan, son inutiles. Aún más importante es que si se usan mal, es mejor no usarlas. Entonces, si querés utilizar las listas de quehaceres de manera correcta, ten en consideración éstos consejos útiles.

La limpieza está al lado de la utilidad

El desórden es una de las cosas más distrayentes en el mundo, ya sea un desórden físico o mental (al momento de realizar la lista). Has estado en esa situación en la que tienes que salir, pero no puede hacerlo porque no encuentras las llaves?. Bueno, me sucedió lo mismo unos años atrás, y por ello no pude asistir a un momento importante en la vida de un amigo. Porqué no pude encontrar las llaves del auto? Porque estaban escondidas en el desórden que tenía en mi casa.

El desórden mental puede impedir tu productividad personal de una manera similar. Cuando tenés un "desórden de tareas" en tu lista de quehaceres, puede suceder que no encuentres tareas de alta prioridad entre el resto de tareas a realizar. Mucho más importante, es que las tareas basura o tareas desordenadas, por lo general se encuentran en el Cuadrante IV, tareas sin importancia, como por ejemplo, pasar 3 horas en Facebook todos los días, a no ser que seas un community manager, ésto no tiene prioridad alguna. Una manera de minimizar éstas tareas basura o desórden de tareas, es la de chequear periodicamente tu lista de quehaceres y ver si tenés en ella algunas tareas incluidas en el Cuadrante IV que se te hayan pasado por alto, y de ser así, que las elimines de las importantes.

Otro de los resultados del desórden en las tareas, es la procastinación, el desgano que generan que hace que se sigan acumulando tareas, que de no ser así, hubieras realizado o cumplido y removido de tu lista de quehaceres. Esto es particularmente peligroso para la productividad personal porque lo que hacen es que pierdas el tiempo que era necesario para cumplir otra tarea ya pautada en el cronograma. Ya veremos más adelante el tema de la procastinación, postergar, en el libro. Por ahora diremos no dejes para mañana lo que puedas realizar hoy. Cada vez que sea posible, asegurate de limpiar tu lista de quehaceres diariamente, del desórden de tareas.

Principio de Pareto y Ley de Parkinson

Calculo estés al tanto del Principio de Pareto, que dice que en promedio, el 80% de resultados proviene del 20% de los recursos. Por otro lado, puede ser que no hayas escuchado la Ley de Parkinson hasta ahora. Bueno, la Ley de Parkinson establece que una determinada tarea es percibida por la persona como de mayor importancia o valor a medida que el tiempo para cumplirla se acorta. En otras palabras, las tareas cuyas fechas límite se acercan adquieren mayor importancia. El término correcto para éstas es Urgente. La Ley de Parkinson también habla del poder mágico que tienen las fechas límite de entrega, de acuerdo a lo que escribe Tim Ferris en su best seller, La semana de trabajo de 4 horas diarias.

Entonces, porqué estamos hablando de ésto, y qué tienen que ver con nuestra lista de quehaceres? Podemos utilizar el Princípo de Pareto para determinar qué tareas priorizar. Lo que intenta decir este principio es que se le debe de dar mayor importancia a las tareas que tengan mayor peso proporcional en el resultado que estás buscando. Aun sin utilizar la lógica de los Cuadrantes, es fácil deducir en casi todos los casos, cuáles son las tareas que deberías de realizar primero. Es por ello que por lo general, la mayor parte de la gente pasa casi todas las horas en las que está despierto, trabajando.

La Ley de Parkinson, por el otro lado, puede ayudar a que te enfoques en terminar las tareas y que las termines bien. Estableciendo tiempos límite más cortos para las tareas más importantes, podrás priorizarlas y enfocarte en las esenciales. Muchas veces nos sucede que se compliquen algunas tareas, simplemente porque tenemos demasiado tiempo para realizarla.

La tendencia de los hombres es al de ocupar el tiempo que se nos da para el cumplimiento de una tarea. Cuánto más tiempo se nos dé, probablemente pensaremos maneras más complicadas de realizar las tareas con tal de ocupar el tiempo límite. Tim Ferris da un ejemplo muy bueno de ésto, el suyo. El comenta que mientras estuvo en la universidad, se encontró con que la tesis que debía entregar al otro día, no estaba ni cerca de estar terminada. Sin tener el beneficio de una extensión del día de entrega, se obligó a realizar algún tipo de trabajo para entregar al día siguiente. Con menos de 24 horas y habiendo tenido que prácticamente, comenzarlo de nuevo, tuvo que enfocarse en lo esencial, lo más importante del trabajo. Enfocándose en las cosas importantes, fue capaz de entregar un trabajo muy bien hecho y escrito. La falta de tiempo lo forzó a apegarse a las cosas de verdad importantes que permitieron que le fuera bien.

Principio de Pareto y Ley de Parkinson (en profundidad)

Entonces, como se hace para combinar ambos principios en lo que refiere al armado de tu lista de quehaceres? Utiliza el Principio de Pareto para identificar lo que importa, debes enfocarte en las tareas de prioridad alta y establecer tiempos de finalización relativamente cortos (Ley de Parkinson) para cumplirlas. No solo serás capaz de terminar las tareas antes de tiempo, sino que podrás hacerlo de una buena manera.

En caso de que quieras explorarlas de manera separada, aqui tienes lo que debes de considerar para cada una de ellas. Comencemos con Pareto:

- Identifica los resultados de las areas claves

El mundo moderno en el que vivimos, te permite tener acceso a la información en tiempo real y en todo lugar, ya sea via email, teléfono o chat de voz. Con tantas oportunidades, también corres el riesgo de distraerte fácilmente.

Por lo tanto, necesitarás una brújula. No necesariamente una que apunte en las cuatro direcciones, sino más bien, una que apunte a lo que realmente es importante en tus pensamientos o acciones, como por ejemplo la de la franquicia de Disney "Piratas del Caribe".

En este caso, tu brújula son las metas y objetivos que querés cumplir en una semana/cuatrimestre/año (cuales sean tus preferencias). Tus prioridades deben ser las que estén alineadas con tu criterio de performance, o con lo que eres realmente bueno haciendo, así como tus metas.

Toda información que entre o pedidos que te lleguen para realizar, tienes que medirlos contra tus metas. Una vez tengas establecido tu "Norte", ahí podrás medir la prioridad de cada tarea emergente de ellas.

- Establece tus prioridades a través del Principio de Pareto

Anota todas las actividades que tienes que realizar al cabo de una semana en tu lista de quehaceres. Luego, escribe A, B, o C al lado de esos items.

Las señaladas con la letra "A" son las

actividades más importantes, aquellas que están en el 20% más alto. Las letras "B" son las que de alguna manera son importantes, en el entorno del 60% de importancia. Aquellas dentro de la letra "C" son el restante 20%, y los items menos importante.

Establece un límite de tiempo para realizar las actividades que marcaste con la letra "A". Prestale especial atención a cuánto tiempo te llevará cumplir con todas las "A" especialmente, si las tomaste como prioritarias.

- Protege aquellas pocas que sean esenciales, de las muchas que sean triviales

Reune todas tus actividades que marcaste como prioritarias a realizar en la semana. Si seguiste el proceso, cada acción tendrá un tiempo estimado al lado de ella. Ahora, hazte tiempo para éstas acciones importantes, en vez de estar buscando luego, tiempo para realizarlas.

Hazte estas preguntas acerca del tiempo y el cronograma:

1. Cuánto tiempo le estás dedicando al trabajo?

2. Qué tareas esenciales debes proteger y realizar?

3. Tienes tiempo para tus "Grandes Rocas" (trabajos importantes a realizar)?

4. Qué tan flexible es tu cronograma, cómo podés hacerlo funcionar?

5. Con cuánto tiempo discrecional cuentas (tiempo que queda libre)?

6. Has analizado tus cronogramas y actividades?

Volvamos a la Ley de Parkinson. Lo mejor será centrarte en tus fechas límite. Cuando se te asigna una tarea sin una fecha límite, establécete una tu mismo y manténte firme. Prométete algo que haga que la realices más rápido, puede ser un premio como refuerzo positivo (como por ejemplo, tu postre favorito o una salida a cenar), o un castigo como refuerzo negativo (como comer una lata de alimento para perro).

Si realmente estás en camino, apunta

hacia la fecha límite de la tarea. Cuanto más corto el tiempo, más presión generarás para terminar a tiempo. Cuanto más enfocado estés, serás capaz de realizar aún más trabajo, en teoría.

Un ejemplo es el de intentar trabajar a tope por 25 minutos, luego descansar 5, sin realizar trabajo alguno. Esto te empuja a que realices la mayor cantidad de trabajo antes de que el tiempo se acabe. Puede ser una buena práctica, en caso de que en el futuro te encuentres en una situación similar.

Pasos a Seguir

Cuando incluyes resultados en tu lista de quehaceres, corres el riesgo de o de distraerte o de sentirte abrumado por el hecho de que tal vez no cumplas con las mismas. Recuerdas el desorden? Minimízalo, asegurándote de que solamente tengas los pasos a seguir en tus tareas, nada más, nada menos.

Un buen ejemplo de ésto, es por ejemplo en una tarea que esté vagamente escrita "día de pecho en el gym", cambiarlo hacia una acción más orientada, podés reescribirla como "realizar 5 sets de 10 repeticiones en la máquina con 25 kgs."

Hablando de tareas realizables, comenzarlas con verbos es la manera de hacerlo. Ten en mente que las palabras que elijamos pueden afectar mucho nuestra manera de sentirnos respecto de ciertas cosas. Escribiendo las tareas con verbos por delante, inconcientemente nos decimos a nosotros que tenemos que hacerlas. En vez de "bloguear" por ejemplo podés escribir la tarea como "escribir el blog y postearlo en las redes de marketing para las 12 PM", o en vez de "almacén", escribe "comprar comida en el almacén".

Cuando escribes las tareas con el verbo delante en vez de sustantivos, minimizarás el desórden, manteniendo tu lista libre de resultados, así como facilitas lo que debes realizar con un golpe de ojo. Utilizar verbos que a su vez pueden ser utilizados como sustantivos como "bloguear" o "depositar" puede potenciar los resultados obtenidos en tu lista de tareas realizadas.

Porqué?

Si una tarea no tiene una razón válida para realizarse, porqué molestarse en ponerla en la lista de quehaceres? Se transformará en desórden y te mantendrá alejado de lo que realmente importa o es productivo.

Entonecs, ten en mente las tareas que no estén alineadas con lo que realmente es importante para ti, imposible de terminar o no tiene importancia (Cuadrantes III y IV), ahorrate el problema y no las pongas en tu lista de quehaceres.

Tiempo

Cada tarea en tu lista de quehaceres va a necesitar diferentes cantidades de tiempo para ser cumplidas. Cuando establecés el tiempo que vas a necesitar para realizarla, podrás ver si es necesario desmenuzarla en tareas más pequeñas o simplificarlas.

Un buen indicador es si una tarea va a requerir más de una hora para ser realizada. Esto puede querer decir que es muy complicada o muy grande. No reducirla, puede llevar a desgano o a procastinación. Cuando la partís en tareas más pequeñas, evitas caer en el desgano de realizarla o en la tentación de dejarla para más tarde.

Un ejemplo de una tarea relativamente grande o compleja, sería la de preparar tu casa para una fiesta de cumpleaños. Esta, entre otras, podría incluir, realizar alguna reparación, pasar la aspiradora, cortar el pasto. Una buena idea es la de partirla en esas mismas tareas más pequeñas, y establecer la tarea original como un proyecto.

Si encotrás que tus tiempos estimados están un poco distantes al principio de los reales, no desesperes. Es una habilidad que necesitas practicarla para volverte bueno en ella. Con el tiempo te volverás muy bueno, así que no seas muy duro contigo.

Preparación (adelantarse)

Mientras que es bueno que estés concentrado en la tarea que estás realizando, una buena preparación requiere que tengas preparados los siguientes pasos a seguir. Cuando lo haces, minimizas el tiempo que te lleva entre una tarea realizada y el comienzo de la otra, ya que tenías preparados los pasos de antemano.

Revisar

Revisar tu lista de quehaceres regularmente, digamos, semanalmente, asegurará que todo esté en órden y te ayudará a tener todo preparado para la semana siguiente. No debería de llevarte más de 20 minutos realizarlo, y los beneficios que podrías sacar de ello, serían mucho más grandes. Es como realizar viajes desde y hacia el centro, harás paradas, verás si estás bien encaminado y harás correcciones.

Información Necesaria

La procastinación se vuelve aún más tentadora por inconveniencia. Alguna vez postergaste algo para el día siguiente simplemente porque te resultaba inconveniente? Yo, si he experimentado eso, como por ejemplo no realizar las compras, solamente porque estoy "cansado". Las consecuencias de ésto, termino gastando más plata ordenando comida de afuera.

Una manera de minimizar esas inconveniencias traidas por la procastinación, es incluír la información importante al momento de incluir una tarea en la lista de quehaceres. Esto te ahorra mucho tiempo buscándolas sobre todo cuando estás apurado. Un ejemplo es buscar un mecánico que te arregle el auto en tu casa. Si al momento de anotar esa tarea en la lista, no agregas la información de contacto del mecánico que pensás llamar en tu lista de quehaceres, luego podrías perder mucho tiempo buscandolo. Si estás apurado, esos minutos que perdés buscándolo podrían ser la diferencia entre completar la tarea o no y no realizar más esa tarea.

Recuerda, el éxito favorece a aquellos que realizan los deberes y que incluyendo información importante, o referencias en las tareas, puedes minimizar el riesgo de procastinar a raíz de algún inconveniente.

Escribe Tu Lista La Noche Anterior

Te sorprendería ver cómo ésto le resulta a mucha gente. Si escribís tu lista de quehaceres la noche anterior, podrías comenzar ya la mañana siguiente al salir de la cama. Durante la mañana es cuando mucha gente tiene más energía y ya teniendo la lista pronta a mano, significa que no tienen que perder perder el tiempo pensando o recordando lo que deben hacer.

Califica Los Contenidos

Cada cosa que entra en tu lista de quehaceres diaria debe definir dos cosas: algo importante que necesitas realizar (asi notarás cuáles son las que no necesitan realizarse o puedes delegar a alguien) y algo importante que necesitas tener realizado al final del día. No necesitamos tener todo en nuesrta lista, especialmente aquellos items que no tienen relevancia en la meta diaria. Manten lo importante y urgente, así podrás establecer las tareas de mañana con más facilidad.

Asigna Tiempos Estimados

Asegurate de siempre estimar el tiempo que llevará completar las tareas. No importa si son unos minutos o algunos días, el tiempo es todo. Saber ésto puede ayudarte a planificar a futuro y tomar decisiones en el cómo encajarán en el resto de tu día.

Categoriza

Si es necesario, algunas veces partir tu lista puede ayudarte a mantener tus pensamientos y planes ordenados. Por ejemplo, Robert C. Pozen, conferencista de Harvard University y autor de Productividad Extrema: Aumenta tus Resultados, dice que ciertos ajustes en tu lista pueden convertirla en una herramienta más productiva.

Pozen divide su lista en dos categorías: De un lado, lista las cosas que necesita realizar en órden cronológico, del estilo de reuniones o llamadas. Del otro lado, escribe lo que espera realizar durante esas tareas del otro lado, como por ejemplo armar un plan respecto de algún tema que trate.

Dentro de la parte cronológica de la lista, Pozen también tiene items o tareas que necesitan ser realizadas, pero no tienen tiempo establecido o prioridad. Esos items esstán ahí en caso de que tenga algunos minutos extra en su lista de quehaceres.

Reevalúa Todo Lo Que Has Quitado O Aun No Has Incluído

Si repetidamente has dejado de lado una tarea importante, para más tarde o para el día siguiente, tendrás que ver porqué. Tal vez sea que no es importante como lo habías pensado y no debería de estar en la lista desdee un principio, o tal vez sea un problema que deberías resolver antes de que esa tarea pueda ser realizada. De una manera u otra, está mal, y deberías ver porqué ésto sigue sucediendo.

Capítulo 3 – Errores Comunes de Administración del Tiempo y Lista de Quehaceres

Sabías que existen errores al momento de utilizar las listas de quehaceres? A no ser que sepas cómo maximizar el uso de estas listas, estarás perdiendo el tiempo. Los problemas que tiene la gente corresponde a diferentes factores, y en éste capítulo encontrarás la ayuda para identificarlos. Puede ser que estés armando tus listas, pero aun así no estés logrando completar las tareas, y aquí verás qué es lo que estás haciendo mal y qué es lo que está impidiendo tu progreso en el manejo del tiempo. Adentremonos y veamos cuáles son estos errores.

El error número uno que comete la gente en estos tiempos de comunicación masiva es el de hacer varias actividades a la vez (multi tasking). Están tan acostumbrados a cambiar de un trabajo al otro, y si tu eres una de esas personas y te sentís culpable, deberás mirar hacia adentro, ver la manera en que te comportás. Puede hasta ser contraproducente ésto. Aunque la gente crea que es inteligente por poder desarrollar varias actividades a la vez, el problema radica en que no son capaces de realizar muchas tareas y realizarlas bien. Existen pruebas científicas de que el cerebro está hecho para realizar una tarea bien a la vez. Multi tasking significa también que pasarás por alto alertas, o te olvidarás de algo, y ello puede llevar a que no seas tan eficiente como te gustaría ser. Cuando unos científicos realizaron un estudio acerca de las multitareas, encontraron que los que las realizaban bajaban sus Coeficientes Intelectuales. El estudio de la Universidad de Stanford, también mostró que realizar multitareas significaba que la gente no podía retener información, y eso significa malas noticias en cuanto a lo que concierne a tus listas.

Ahora, no me malinterpretes, está bien que tengas muchas y diferentes tareas en tu lista de quehaceres, pero deberás enfocarte únicamente en completar un item a la vez. Lo que debes entender es que multi tasking no es productivo, y que debes darle toda tu atención a las tareas de alta prioridad y cortar toda comunicación que pueda interponerse contra tu productividad.

- Para evitar ésto, trabaja parte por parte. Establece metas más pequeñas, así cuando las cumples, el fin parece más estar más próximo. En caso que debas, realiza una tarea, luego toma un descanso y vuelve a ello, y realiza otra tarea.

Por ejemplo, digamos que tienes que escribir un ensayo que se divide en tres capítulos o secciones. La cuenta de palabras puede variar, pero deben de ser suficientes como para que parezca profesional. Puedes realizar uno de ellos un día, y los otros dos luego. Si tienes tiempo suficiente, puedes a la vez, separarlos en días.

Una Nota, Las Distracciones: Multi Tasking también aparece cuando estás intentando realizar una de las tareas de tu lista de quehaceres y estás siendo constantemente interrumpido por llamadas, emails, etc. Cuando necesites concentrarte en la tarea que estás realizando, tenés que redirigir las notificaciones, dejar que el teléfono vaya directo a la casilla de mensajes, para tratar con ellos luego de realizada la tarea. Es vital de que lo que está en tu lista de quehaceres sea cumplido, un paso a la vez.

El error número dos es un error común: La segmentación incorrecta de tu lista de quehaceres. Con "Segmentación Incorrecta", estoy hablando de tener TODO lo que tenés que hacer en UNA sola lista o listas mezcladas. Así que por ejemplo, si tenés tareas del trabajo y tareas de tu vida personal en una misma lista, ésto no es bueno.

Esto se mezcla demasiado en éste escenario y puede generar que te abrumes al ver una larga lista de todas las cosas qeu tenés que hacer en tu vida, en lo profesional y en lo laboral a la vez. Hace que no sepas por dónde empezar o que nunca podrás terminar de hacerlo todo. Además de ello, no serás capaz de priorizar fácilmente cuáles son las tareas importantes a realizar en el momento.

La vida profesional y la personal deben

estar separadas, de ésta manera, te ayudarás a estar más presente, enfocarte mejor y ser más productivo. Entonces, la solución es mantener listas separadas para el trabajo y para tu vida personal. Yendo más abajo en ellas, harás categorías en tus listas haciendo sublistas basadas en proyectos, categorías, etc. De ésta manera todo estará organizado y podrás enfocarte en una lista a la vez, y podrás darle prioridades a las actividades para saber cuándo y en qué deberás trabajar.

Error número tres, Incluír Eventos en tus listas. Puedes tener eventos en tu lista de quehaceres en vez de tareas, pero solamente si estos eventos están divididos en tareas realizables.

Recuerda que una lista de quehaceres debe estar conformada por acciones a realizar. Mucha gente incluye eventos y queda atorado en ellos por no haberlos separado en acciones que pueden ser tachadas al ser realizadas. Por ejemplo, si necesitas reunir la información para los auditores, no deberías de tener anotado "Visita de Auditores" en tu lista. Deberías de tener cada uno de los ítems que conforman esa información para cuando sea el momento de esa visita, detallados, para saber qué es lo que debes reunir.

Error número cuatro, es trabajar sin tomar descanso. Es matador, en cuanto a la lista concierne. Cuando sos productivo, es cuando tus niveles de energía están arriba. Es en esos tiempos en los cuales debes maximizar y trabajar en las tareas a realizar y reducir la lista. No necesitás descanso en ese momento. Necesitás descaso para el almuerzo, recuperar fuerzas y volver a ser productivo y con nuevas ideas para la tarde. Aquellos que sus listas son muy largas, tan largas que son inmanejables, son aquellos que no tienen interés en cuidarse o se rehúsan a tomar descanso. Los descansos no son porque sí. Son una parte esencial en tu día de trabajo, por lo que debes asegurarte de incluírlos en el cronograma, ya que éstos ayudarán a que tu productividad aumente.

La procastinación es el error número 5. Es uno de los peores errores de la gente que tiene sus listas de quehaceres, y ésto es porque dentro de la lista, van a haber tareas que no vas a querer realizar y dejar para el último minuto. Si hay algo en tu lista que no querés o no disfrutás haciéndolo, pero sabés que debés hacerlo, es mejor atacarlo directamente, realizarlo apenas nos levantamos porque ésto te permitirá ser productivo el resto del día. Si podés sacarte de encima todas las tareas que no querés hacer rápidamente, el resto del día va a parecerte mucho más sencillo.

- Lo que debés y tenés que entender, es la diferencia entre procastinar (dejar para más tarde) y tomarte un desanso. Es realmente malo deliberadamente evitar el trabajo hasta el punto en que no podés, en el peor escenario, no hacerlo. Procastinar, directamente está mal. No te hace bien. Trabajar en horas diferentes para ponerte al día con algo que deberías haber hecho, puede significar que duermas menos, que se traduce en que tu cerebro no va a estar en óptimas condiciones para terminar las tareas. En otras palabras, la calidad de tu trabajo va a verse afectada.

- Todo el mundo necesita tiempo para sí,

por lo que si necesitás comer algo porque estás hambriento, o estás demasiado cansado para cumplir con las tareas, escuchá a tu cuerpo. Comé cuando lo necesites, dormí cuando el cuerpo te lo pida. Un descanso de cinco minutos cada hora más o menos, es el ideal. Deberías terminar las tareas cuando estés bien descansado, no arrastrándote.

- Desmenuzar las tareas en tareas más pequeñas, más manejables, es la idea de ésto. Todos hemos estado en situaciones en las cuales nos abruma un proyecto demasiado grande. Dividirlo lo transforma en algo más viable, realizable y a la vez te permite tomar descansos y estar más relajado.

Error número 6, es la poca habilidad de priorizar correctamente. Es otro error que comete la gente cuando arma las listas. Está bien que ennumeres todas las cosas que tenés que realizar en las próximas 24 horas, pero si no les das prioridad de antemano a las tareas, cómo sabrás cuáles son urgentes y cuáles puedes posponer para más tarde? Necesitás algún código de colores para que puedas ver a simple vista cuáles son las tareas más importantes y qué trabajo realizar primero.

Priorizar a la vez es bueno para la productividad y ayuda a mantener los tiempos límite y terminar las cosas a tiempo. Luego puedes irlas tachando de la lista. Cuantas más tareas de alta prioridad tengas een la lista, más deberás desmenuzarlas en tareas más manejables y realizables para simplificarlas. Encontrarás que hasta trabajando en equipo algunas de éstas podrás delegarlas a algunos miembros de acuerdo a las habilidades de los mismos, te ayudará a realizarlas más rápido, en vez de tenerlas anotadas ennglobando esas tareas.

Error número siete, anotar demasiados ítems en una sola lista de tareas. Como mucha gente comienza el día con demasiadas y diferentes tareas a realizar en el día, que varían en cuanto a prioridad y urgencia, a preparación para realizarlas, etc. usualmente ya se sienten cansadas y desmotivadas aún antes de comenzar su día. El motivo? No es la lista de quehaceres en sí, sino el número de ítems que en ella se encuentran. Esto es particularmente cierto en aquellas personas qeu sus listas de quehaceres son como sardinas enlatadas, ya no entra una más. A medida que van moviendo tareas para el otro día, ya esa va creciendo y creciendo y eso los desmotiva.

La mejor manera para evitar este error, es limitar tu lista diaria a solamente 3 tareas importantísimas o críticas. Como solamente tenés 3 casillas disponibles, haz que cada ítem cuente. Asegurate de que estos ítems sean los que te den mejores resultados por sobre otras de menor prioridad. Tambipen te ayudará si comienzas con las más importantes o urgentes. Haciendo ésto te asegurás de que eres capaz de alcanzar resultados óptimos en el día a día.

Recordá siempre tener tu lista frente tuyo el mayor tiempo que puedas, de ésta manera, reforzarás la importancia o urgencia en tu mente.

La mejor manera de comenzar el día es

con algún hábito particular que te inspire o te lleve a que quieras éxito, ya sea en el plano personal como profesional. Haciendo ésto te permite que disfrutes del beneficio, por más tormentoso que sea, que obtendrás al final del día al haber completado esa tarea tan importante.

Personalmente, lo primero que tengo en mi lista de quehaceres, es algo muy personal, tiempo de calidad para meditación, reflexión y para rezar. No puedo seguir con el día sin haber hecho esto en la mañana. Puedo funcionar perfectamente sin desayunar, cosa que intentao no saltearme, pero no sin mi tiempo de calidad en la mañana. Me otorga esa paz y gozo que necesito para continuar con mi día, que son mucho más caóticos. A cambio, me hace volverme más productivo.

Finalmente, la razón más importante por la que la gente sobrellena sus lista de quehaceres es dejar afuera alguna tatea importante. Al mismo tiempo de que es un hábito muy productivo el de mapear la semana entera, comenzar el día con una lista que tiene demasiado, sino todo, lo qeu debés realizar el resto de la semana, no lo es. Por el contrario, es duro, desalentador. Hace que priorizar diariamente se vuelva muy difícil. Por eso es importante mapear la semana entera lo más extensa que se pueda, distribuyendo las tareas más importantes entre los días de la semana, asegurándote que tengas 3 tareas importantísimas por día.

Error número ocho es la falta de detalle o ambiguedad. Mucha gente tiende no solo a sobrellenar sus listas diarias, sino que también incluyen tareas que no son claras. Por ejemplo, no definir tiempos o cómo medir los resultados esperados. Mientras que es cierto tener recordatorio para tomar acciones acerca de algo importante es bueno, también puede suceder que solamente te estreses si no sabés por dónde empezar o dónde terminar entre otras cosas.

En el trabajo por ejemplo, podés escribir "preparar el borrador del reporte" como una de tus tareas en tu lista de quehaceres. Qué quiere decir eso? Por ejemplo, cuántas secciones debe incluír, cuáles son ellas y cuántas palabras debe contener? Preparar el borrador puede querer decir algo que va desde armar algo incompleto a uno de 50.000 palabras de largo. Las posibilidades son infinitas y puede ser estresante.

En contraste con el ejemplo, con una tarea que dice "Terminar un borrador del reporte financiero para el banco de 10.000 palabras para las 3:00PM, que incluya un resúmen ejecutivo, análisis bancario de los últimos 5 años y recomendar cursos de acción al banco". Ahora, ésto es claro y detallado. Es fácil para tí poder darte cuenta si ya has terminado satisfactoriamente la tarea.

Como nota personal, la ambiguedad de las tareas puede ser por ejemplo "cuidar el jardín" y en oposición, una actividad claramente detallada sería "contratar un jardinero que corte el pasto y pode los arbustos de 8:00 AM a 10:00 AM". Cuidar el jardín puede significar muchas cosas diferentes, por ejemplo hacer una pasada con la cortadora, cortar una de 3 ramas o tirar fertilizante. También no está dejando en claro quién será responsable de realizarlo ni en qué momento debe ser hecho. Aclarando los detalles en tu lista de quehaceres, hace que éstas tareas sean más realizables.

Ten en mente que para que cada tarea que tienes en tu lista esté detallada, debe tener un curso de acción particular a seguir, que ayuda de manera objetiva a determinar si fue cumplida o no, así como tener resultados medibles, la habilidad de ser cumplida en un santiamén y cada punto de finalización claro.

Error número nueve, que cometen muchas personas al armar su lista de quehaceres, es incluír demasiados ítems que no son relevantes para el cumplimiento de sus metas. Ya sea en el trabajo o en la casa, las tareas que son irrelevantes tienen a producir un "atascamiento", que puede llevar a que éstas listas se vuelvan más confusas, inmanejables, y eventualmente, imprácticas o que desoladoras. Las tareas irrelevantes también pueden hacer que te de peresa, porque si no son relevantes para lo que es importante para ti, no tendría ningún sentido de urgencia el realizarlas.

Entonces, antes de hacer tu lista, asegurate de que hay una buena razón para incluír las tareas que incluiste en la lista. Si incluís tareas en tu lista solamnte porque es una obligación, entonces pensalo de nuevo. Dado el espacio limitado en tu lista de quehaceres sumado a tus limitaciones personales, debes asegurarte de que más allá de que sea necesaria en sí, que sea necesaria para poder llegar a tus metas y prioridades.

Por ejemplo, si tu madre te pide que levantes a tu tía Lucy en el aeropuerto a las 3:00PM pero tenés un trabajo pendiente para terminar en tu trabajo para las 4:00 PM. Si tu prioridad es ser el proveedor de tu familia, entonces en un día de semana priorizarás la tarea pendiente para entregar en el trabajo, sino, te despedirán. Además, existen muchos taxis en el aeropuerto, por lo que no es necesario que estés tú ahí. No es necesario que anotes levantar a la tía Lucy en el aeropuerto a las 3:00PM en tu lista.

Error número diez, el error más común que comete la gente en cuanto a cómo usa su lista, es hacer muchas cosas pero de manera incompleta. Recordá que por más que tengas muchas cosas por hacer importantes en tu lista, éstas no son cuestión de vida o muerte. El mundo no es perfecto, y tú tampoco lo sos. Me refiero a que hagas lo mejor uqe puedas, y si te quedás corto, seguí adelante rearmando el cronograma. La vida es demasiado corta como para estarse preocupando por una lista.

Si estás teniendo problemas con ellas, recordá que todo lo que está escrito en tu lista son las cosas que te recordás a TI son las cosas que tenés que hacer. Si no podés rearmar tu cronograma, escribí lo que para ti tenga sentido. Utilizá códigos, oraciones abreviadas, cortas. Pero, nuevamente, el esfuerzo real estará en la realización de esas tareas. Las listas de quehaceres deben ser para apoyarte en recordar las tareas a realizar.

El error número once más cometido por la gente es la de realizar una lista demasiado simple para sentirse bien ellas mismas. Cómo es eso, te preguntarás?

Bueno, vivimos en un mundo en el cual, inconscientemente, estamos programados para creer que valemos solo cuando somos productivos. Aún más, nos condicionamos a creer que ser productivos es igual a estar ocupados. Por lo tanto, cuanto más ocupados, mejor.

Cuado a estar ocupados se refiere, qué mejor manera de convencerse uno mismo que a través de una lista de quehaceres? Mucha gente probablemente llene la lista con tal de sentirse muy "productivas".

Tengo un amigo que una vez alcanzó el punto de convertirse en ermitaño, literalmente. Sentía que tenía tantas cosas "que hacer" en su vida diaria que no podía terminarlas, y ésto lo llevava a prohibirse crecer como a muchos americanos le sucede. Cuando lo consulté acerca de su sufrimiento, era porque cometía muchos errores en el armado de sus listas de quehaceres. Uno de ellos obviamente era sobrepoblarlas. Otro, sobrepoblación de tareas que no estaban conectadas con sus metas generales o prioridades. El tercero, ni siquiera priorizaba las tareas de manera coherente. Y finalmente, se dio cuenta de que se veía abrumado con tantas preguntas y cuestionamientos como si estuviera en Guantánamo. No se sentía productivo y ésto lo llevaba a sentirse que no tenía valor alguno, porque no cumplía con sus tareas diarias. Creció en una familia donde sus padres eran extremadamente exitosos pero prácticamente inexistentes en la casa, porque tenían demasiadas cosas que hacer en el trabajo y negocio. A raíz de ello, él, inconcientemente se progrramó que para ser exitoso y ser alguien de peso, tenía que estar extremadamente ocupado.

Desde entonces, él dejó el plan de ser un ermitaño. Vive una vida feliz trabajando solamente en lo que necesita en vez de estar ocupado constantemente. Aprendió a desmenuzar la lista de quehaceres y ser más productivo.

El error número doce más común es incluír proyectos muy grande en la lista de quehaceres. Cuando hablamos de proyectos muy grandes, nos referimos a aquellos que suponen muchísimas tareas al punto de volverse ambiguo o complicado. Un ejemplo puede ser mis viajes al exterior.

Acostumbraba a escribir en mi lista de tareas "ir a (ingresar cualquier país) como vacación del año". Más allá de ser ambiguo no puede ser realizado todo en un mismo día, también es muy complicado porque viajar al exterior como vacación implica demasiadas tareas a ser cumplidas. Entre otras, debo determinar el mejor momento del año para reservar el pasaje, elegir el vuelo más barato para ese país, crear un itinerario que pueda disfrutar y elaborar el presupuesto para ese viaje. Y a su vez, esas tareas pueden ser desmenuzadas en tareas más pequeñas que pueden ser cumplidas en un día.

En éstos días, desmenuzo tales proyectos hasta la más pequeña tarea que pueda realizar y las anoto en un cronograma diario, a lo largo de las semanas subsiguientes o meses. De esa forma, no me siento abrumado y de verdad me siento seguro a medida de que voy progresando hacia el gran proyecto que es el viaje al exterior en vacaciones.

El último gran error en las listas de quehaceres, qeu comete mucha gente es llamarlas "lista de quehaceres". Sé que suena gracioso, pero tiene un porqué.

Este error no es estrictamente por llamar así a la lista, pero lo que significa. Algunos gurus del manejo del tiempo piensan que la palabra "quehacer" no es motivadora en sí porque no está orientada hacia las acciones como si las llamáramos "lista de acciones" "items a comprometernos" o algunos otros similares que invoquen respuesta a tiempo. Tampoco es que las llames "si no haces esto mueres". Esto es intimidatorio y da miedo. Llamarlas "quehaceres" tampoco es inspirador de acuerdo a otros expertos.

Pero si ves que llamarlas "listas de quehaceres" si te genera una motivación suficiente y te alienta a cumplirlas, seguilas llamando así. Lo importante es lo que el nombre de ellas te genere, ese es el punto.

Otros errores de los que deberías cuidarte.

Sólo porque hemos tocado los errores más comunes al realizar listas de quehaceres, no quiere decir que sean los únicos. Aquí hay otros ejemplos de errores no tan comunes que se cometen, y como evitar caer en ellos.

Desperdiciar Energía Mental

Una de las razones más importantes de porqué son útiles las listas de quehaceres, es porque nos ayudan con la mitad del trabajo. Puedes utilizar tu cerebro para pensar lo que necesita ser realizado, que te dé un empujoncito, luego escribirlo en la lista para luego poder realizar la tarea.

"Tu mente posee poca capacidad para analizar la información" Dice Caroline Webb, economista y autor del libro de autoayuda "Cómo Tener Un Buen Día". "Allí tenemos espacio como para hacer tres o cuatro cosas a la vez. A medida que algo llegue a tu cabeza, anotalo".

Con la idea fresca, pasada desde tu cabeza a la hoja de papel, podrás utilizar más poder de tu cerebro en realizar las tareas. Es mejor que usar la mitad del poder de tu cabeza y tiempo intentando recordar o pensar las cosas antes de hacerlas.

Capítulo 4 – Metas Elevadas Para Las Listas De Quehaceres

Cuando armás las listas de quehaceres, tenés que tener en mente un factor importante. Todo el trabajo que estás destinando está apuntando hacia algo. Debés tener en mente cuáles son tus metas para que sepas cuáles son las tareas en tus listas de quehaceres que apuntan a ellas. Tener ésta imágen general en mente te ayudará a priorizar y ordenar el trabajo para que esté perfecto y puedas alcanzar tus fechas límite. Lo que quieras lograr al haber realizado todas las tareas, esa es tu meta. Si tenés una meta específica trabajando en equipo, debes tener todos los items de tu lista de quehaceres trabajando para alcanzar la misma.

Un buen ejemplo es la gente que trabaja desde su hogar. Tengo un amigo que es un escritor freelance, que es el proveedor del hogar. Desafortunadamente, él no puede apoyarse en su madre o su mujer para que lo ayuden con muchas de las tareas de la casa. Por lo tanto, él abarca muchas cosas.

El realiza una lista de quehaceres para mantenerse mentalmente sano (ordenado) y sentirse productivo. Pero dado el poco tiempo y abilidad para terminar todo, necesita priorizar las tareas en su lista. Cómo sabe él qué priorizar? Dándose cuenta cuáles son sus metas importantes. En particular, él sabe que su prioridad principal es la de proveer para la familia, y con ésto, él prioriza los items en su lista de quehaceres que estén relacionados o influyan en su trabajo de escritor freelance de lunes a viernes. Otra prioridad importante es la de ser el mejor esposo que pueda ser, entonces en su lista de quehaceres de los fines de semana, prioriza items que estén relacionados con hacer que la esposa se sienta amada y segura, como pasar tiempo de calidad con ella, o salidas en pareja, o dando paseos en bicicleta juntos.

Entonces, cómo maneja éstas prioridades? Bueno, cada vez que existe un conflicto de intereses entre algunos items de sus listas de quehaceres durante los días de semana, automáticamente selecciona aquellos que estén relacionados con el trabajo. Es fácil apra él dejar de lado otros ítems en la lista de manera de poder cumplir con las tareas relacionadas a su medio de vida. Durante los fines de semana, él pone el trabajo de lado, aunque tenga algunas cosas que terminar, de manera de que pueda pasar tiempo de calidad con su mujer, porque él sabe que su matrimonio es una de sus prioridades más importantes. Sabiendo cuáles son sus prioridades, también le ayuda a enfocarse en realizar el trabajo durante los días de semana, así puede priorizar el tiempo que pasa con su mujer los fines de semana y viceversa. Ese es el poder de tener metas elevadas en tus listas de quehaceres.

Desafortunadamente en éstos tiempos de comunicación, existen muchas cosas que pueden nublar el alcanzar tus meta o interferir en su cumplimiento. A tu supervisor no le va a servir la excusa de que tuviste demasiadas interrupciones o porque tuviste demasiadas cosas que hacer, si no pudiste terminar un trabajo. El problema es que mucha gente se sobrecarga de trabajo porque no han aprendido a delegar o a decir que "no" y que tus metas se vayan al demonio cuando te sobrecargas, porque no puedes ver más allá de todo lo que tenés que realizar. Tenés que asegurarte de que lo que sigue no interfiera en tus metas, porque es muy fácil para eso sabotear tus horas de trabajo y frenarte en alcanzar tus metas.

Mensajes Internos – Si tenés ésta comunicación con tu equipo de trabajo, debés saber cuándo cortarlos. Puede ser desesperante escuchar el ping del mensajero cuando estás tratando de concentrarte en algo importante. Por ello, debés apagarlos y que el resto del staff sepa que en ese momento estás ocupado y no puedes ser interrumpido. Esto aplica a mensajes de texto y Facebook también en tu vida personal.

Y hablando de vida personal, los mensajes internos o mensajes de texto pueden llegar a entrometerse en tus relaciones importantes. Cuánas veces mi esposa y yo pasando tiempo de calidad entre nosotros, nos vimos interrumpidos por mensajes de texto o mensajes privados de amigos o quienquiera que hubiera sido en ve de disfrutar de ese momento juntos. En cualquiera de esos casos, nos privó de cumplir uno de los items más importantes en nuestra lista de quehaceres, que era pasar tiempo de calidad importante entre nosotros durante los fines de semana.

Teléfono – las llamadas entrantes pueden ser una verdadera molestia, porque nunca sabés en qué dirección puede llevarte. Lo que pareciera una simple llamada telefónica puede derivar en una hora o más de investigación para poder responder a una consulta. No permitas que eso se entrometa en tu camino de llegar a tu meta. Si tienes un item en tu lista d equehaceres que querés terminar para las diez de la mañana, apagá el teléfono, que vaya directo a la casilla de mensajes hasta que hayas cumplido con la tarea, y vuelve a encenderlo una vez que sepas qeu tenés tiempo para tratar con esos temas. Nuevamente, reitero que realizar muchas tareas a la vez, es contraproducente.

Una amiga mía, una madre soltera, es una de las pocas supermujeres que conozco. Se ocupa de tantas cosas en el trabajo que cuando llega a casa a ver a su hija de 4 años de edad, es como que cambiara de oficina. Estaba acostumbrada a que gente de la oficina la llamara a su celular estando ella en su casa a pedirle instrucciones o guía de cómo manejar ciertas transacciones. Eso lo que le ocasionaba era mantenerla alejada de las cosas qeu necesitaba hacer en su casa y poder tickearlas en su lista de quehaceres.

Pero todo eso cambió cuando decidió apagar el celular al llegar a casa, así no era distraída por otras cosas que pudieran alejarla del cumplimiento de las tareas importantes que debía realizar en su casa, poder ir quitando items de su lista de quehaceres.

No es que ella fuera perezosa, simplemente sabía cuáles eran sus metas de alto nivel (importancia) en su casa con su hija. Debido a ese conocimiento, ella fue capaz de priorizar su lista de quehaceres de su hogar frente a otras distracciones. Tampoco era que dejaba de lado a sus compañeros de trabajo por apagar el celular. Ella realizó arreglos para asegurarse de que fuera innecesario que la llamaran estando en su casa, como delegando autoridad a subordinados y dandoles el poder de decisión frente a situaciones que en otros casos la estarían llamando a ella. De esa manera, ella puede darse el gusto de apagar el celular mientras que está en su casa y no ser negligente frente a su oficina.

Reuniones y conferencias telefónicas – Estas pueden ser una pesadilla y tus superiores pueden insistir en que seas parte de ellas regularmente. Si encontrás que éstas están impidiendo que tickees items de tus listas de quehaceres, entonces intenta hablar con tu jefe, explicarle el tiempo que te insumen esas reuniones o conferencias e intenta moverlas para más tarde en el día, cuando estés en el momento o etapa menos productivo. De esa forma, no desperdiciarás tanto tiempo y dejarás a tu jefe contento.

Reuniones y conferencias, si se manejan mal, también pueden hacer que no puedas completar tus listas de quehaceres personales, en tu hogar. Cómo? Muchas reuniones, para ser honesto, son innecesarias y a veces son demasiadas. Muchas veces, hacen que llegues tarde a tu casa y que no puedas pasar tiempo con tu familia o terminar algunos items de tu lista de quehaceres del hogar, como cocinar la cena para la familia, comprar los materiales para el proyecto escolar de tu hijo y terminarlo.

Me gusta lo que sugiere Tim Ferris en su best seller "La Jornada Laboral de 4 Horas", que es hacer hasta lo imposible para poder tener las reuniones solamente cuando sean necesarias y mantener una agenda acotada. De ésta manera, minimizás el riesgo de que hayan cosas interfiriendo con el cumplimiento de tus items en tu lista de tu vida personal y el hogar.

Las metas que tú tenés, deben ser desmenuzadas en etapas que cada una de ellas te dé algo para que tú realices, o que necesitás que otros hagan. La idea de tener una meta global, es que tu sepas exactamente hacia dónde vas y para qué hora necesitás tener el trabajo realizado. Te da dirección, pero éstas metas no deben estar en tu lista. En vez de ello, éstas metas deben ser las listas en sí. Estas listas deben ser desmenuzadas en tareas y priorizarlas para que de ésta manera sepas en qué órden deben de ser realizadas las cosas y cuáles son tus tiempos límite y para cuándo deben estar hechos, para poder en conjunto, llegar a tu meta general, global.

Lista de Quehaceres en Cascada

Este tipo de lista incluue el llegar a una lista global, final, que tenés en mente, y el proceso para poder cumplirla, incluye dividir en partes más manejables, más pequeñas. Planeás todo en detalle y luego hacés el proceso.

Consideremos por ejemplo una meta de alto nivel. Aquella que querés haber cumplido para la mitad del año desde ahora. Seis meses te da el tiemppo para que manejes una meta de esa magnitud, y si tenés suerte podés cumplir dos metas de la misma magnitud al cabo de un año, planeando con seis meses de antelación habiendo finalizado la primera.

Digamos por ejemplo, mi meta es la de tener un libro publicado dentro de seis meses a partir de ahora. Podría también darle una cifra meta de $10.000 de ventas en cuanto a la meta de marketing. Ahora tú debes preguntarte, cómo puedo hacer que ésto suceda?

No te enfoques en cuánto tiempo te puede llevar realizar todo (probablemente pierdas más tiempo haciendo ésto). En vez de eso, enfocate en lo que puedes cumplir, lo que necesita ser hecho. Hacé una lista rápida en lo que sentís que es importante. Por ejemplo, vender un libro implica haberlo escrito, editarlo y luego lentamente promoverlo para que genere interés su compra.

Luego, desmenuza tu lista en listas más pequeñas, cada una hasta llegar a los seis meses. Planificar de antemano hace que la carga de trabajo sea más manejable, más liviana y que no parezca tanto.

Si podés, fijate si podés dividir las listas mensuales en listas de no más de dos semanas cada una (así, la lista de Junio, quedará dividida en dos listas Semanas 1-2 y Semanas 3-4 para Junio). Finalmente, puedes dividirlas en diarias, listas de 24 horas. Llegarás al punto de no tener más de 2 o 3 tareas por día.

Asegurate de agendar tus actividades más importantes, más relevantes, en los horarios de mayor energía. Para algunas personas, éste momento es durante la mañana, cuando se levantan y toman el desayuno. Otras personas, se sentirán más cómodas trabajando tarde en la noche, cuando todo es más silencioso. Mientras que no tengas distracciones, podrás terminar cada tarea que te propusiste finalizar sin ningún inconveniente.

La clave del método de Cascada en el armado de la lista de quehaceres, radica en planificar todo desmenuzando cada una de esas metas en metas más pequeñas, detalladas y puntuales para cada día del mes. De ésta forma podés usar más tu energía en hacer las cosas, sabiéndolas de antemano.

Personalmente, creo qeu un buen método para practicar ésto es con el Mes de Escritura de Novelas, que consiste en escribir 50.000 palabras dentro de los 30 días de Noviembre. Te alienta a que planees de antemano si querés "ganar" el evento y para ello armar tu novela desde el punto cero.

Nota: La procastinación sucede cuando escribís la meta y no la analizás, no la desmenuzás y pensás cómo puede ser completada esa meta. Debes dibujar una tabla aunque sea en una hoja de papel para trabajar en cuáles son las prioridades y luego poder establecer las tareas en tu lista de quehaceres, asegurándote darte tiempo suficiente para poder cumplir cada uno de esos pasos, y llegar a tu fecha límite.

Mucha gente mira la imágen grande, sin ver las pequeñas partes que hacen que en conjunto forman esa gran imágen, he ahí el error. Tu meta general es importante, pero no es solamente una meta. Es un conjunto de metas más pequeñas que son más manejables y que si hacés que enfoquen hacia un fin, tu meta final, te encontrarás más cerca de poder cumplir con la misma. Es por ello que las listas de quehaceres son importantes, y saber priorizar también lo es. Debés poder desarrollar un sistema que use los números o letras del alfabeto para poder marcar la prioridad de cada trabajo (por ejemplo A para las tareas de alta prioridad y F para las de menor prioridad).

Identificando claramente tus metas de nivel más alto, se hace más fácil para ti categorizar y subcategorizar los items que comprenden tus listas de quehaceres de acuerdo, entre otras cosas, al tiempo que te insumen, urgencia y metas generales. Cuando seas capaz de hacer ésto, priorizar algunas tareas se transforma en algo mucho más fácil y eficiente, ya sea en el trabajo o en tu casa.

Capítulo 5 – Apps Que Facilitan La Gestión De Las Listas De Quehaceres

Cuando te levantás en la mañana, no dudes y mira tu lista de quehaceres. Debes dejar tiempo para tareas mundanas como chequear email y realizar llamadas telefonicas, pero lo primero que debes realizar en la mañana es decidir qué tareas en tu lista de quehaceres son las más importantes para el día. Eso te brinda dirección para trabajar a lo largo del día y te permite darte el lujo de ver de qué manera encajarán las tareas diarias que te impondrán a lo largo de ese día. Qué tan rápido puedas acceder a la información necesaria para que puedas identificar los trabajos importantes del día, depende del tipo de app que elijas. Algnos encuentran que los apps para las tareas de quehaceres facilitan mucho ésta tarea. Algunos son tan simples como sería el armar la lista de las compras, otros son más complicados. Personalmente encuentro que los más simples son los más útiles, pero todo dependerá en qué tan complejas sean tus tareas y proyectos. Como éste libro apunta a principiantes en listas de quehaceres, les recomendaré que comiencen con el app que mencionaré más abajo. Pueden sincronizar fácilmente su smartphone, computador y tableta.

Un app como TODOIST es ideal porque te permite que veas todas las tareas que tenés programadas para el día en una pantalla, y de ahí podés armar un cronograma desmenuzando el trabajo, e incluso puedes utilizar el app para compartir con otros, lo que significa que puedes mantener informado a tu equipo acerca de lo que debe ser realizado. Si ya estás usando éste app, encontrarás que tiene la capacidad de incluír fecha límite (siempre es mejor que ingreses éstas fechas con un día de antelación, para que sepas exactamente dónde estás). Tus tareas en un app como éste deben de estar priorizadas, para que veas instantáneamente qué trabajos son vitales de realizar en el día y cuáles otros tienen menor prioridad.

TODOIST puede separarse en 3 grandes

secciones: Filtros, Etiquetas y Proyectos. Cada uno de éstos cumplen un rol importante en la gestión de tus listas. Los Proyectos pueden ser organizados en órden jerárquico de hasta tres niveles. Por ejemplo, clasificar mis tareas en Personales, Familia y Trabajo. Soy un poco más estricto en cuanto al trabajo, ya que gracias a ello, tengo comida en mi mesa y un techo, pero no quiere decir que sea más relajado con los otros dos.

Una de las claves para poder gestionar de manera efectiva las listas es armar tareas procesables y simples. Por ejemplo, en vez de poner "vender mi bicicleta fija", puedo ingresar los procesos para cada una de esas tareas, que deben ser completados, como, "tomar foto de la bicicleta" y "postear la foto online". Porque es más fácil el proceso que lleva a ello y específco, me lleva a realizarlo rápidamente en vez de dejarlo para otro momento.

Para cada tarea que necesita muchos pasos de acción, creo un proyecto debajo de una categoría relevante. En el ejemplo de la bicicleta fija anterior, creo el proyecto bajo la categoría Personal, que es muy útil cuando reviso mis listas semanalmente, porque con el tiempo, algunos proyectos se vuelven menos relevante. De esa manera, puedo eliminar fácilmente todas las tareas que tengan que ver con ese proyecto.

Utilizo colores diferentes para hacer visible y distinguible cada proyecto para facilitar el seguimiento. Puedo, por ejemplo, utilizar un celeste para los proyectos del trabajo, gris para los personales y azul oscuro para los familiares.

Las Etiquetas pueden ayudarte mucho en términos de cumplimiento de tareas en tus listas de quehaceres. Personalmente utilizo 3 tipos de etiquetas, cada una correspondida por un color: hoy (azul), las que tengo del tiempo (gris), y las que están espera (verde). Los items que están en la lista de hoy, obviamente significa que debo haberlas realizado al final del día. Los que están bajo la etiqueta que tengo tiempo significa que la fecha límite es más allá de hoy y las que están bajo en espera, son aquellas que requieren de acciones de otras personas antes de que yo pueda trabajar en ellas.

Filtros

Los filtros pueden ayudarte a monitorear los items en tus listas de quehaceres de manera más eficiente de acuerdo a ciertas características. Los filtros de TODOIST utilizan un lenguaje singular y son muy útiles. Podés, por ejemplo, programar los siguientes filtros con la sintaxis entre paréntesis:

- Hoy (@Hoy): se refiere a las cosas que tienen que cumplirse hoy

- En espera (@en_espera): items que estás esperando que otros terminen previamente antes de que tu puedas comenzar a actuar

- Vencidas (vencidas): items cuya fecha límite ya pasó

- Tareas que pueden ser completadas en menos de 1 hora (<1h)

Una de las mejores maneras de gestionar tu lista de quehaceres es consolidando tus diferentes carpetas. Con TODOIST es muy fácil agregar o sacar items en tus carpetas para tener menos desórden y mejor monitoreo. Ona de las maneras en que podés hacer ésto utilizando éste app es ingresar una dirección de correo electrónico para que a través de ésto, puedas agregar items en tu lista de quehaceres via email. Cool, no?

ANY-DO es otro app que podés usar, y lo mejor de éste app es la simplicidad. Podés ver en un instante exactamente qué es lo que tenés que hacer (aunque no sea en profundidad), te da el punto de partida que puede guiarte hacia lo más complicado que debes realizar con un sistema que desmenuza el trabajo en partes más chicas. Con tantos apps en el mercado, necesitás mirar cuál es el que mejor funciona para tí, ya que cada trabajo es diferente. Lo más importante es que seas capaz de ver en un instante cuáles cosas debés completar e ingresarlas en el app junto con alguna distinción entre alta y baja prioridad, como ya hemos discutido.

Es muy fácil crear tareas utilizando ANY-DO. Tan solo apretá el icono "+" ubicado en el vértice superior derecho, que está al lado de las opciones Próximamente, Mañana, Hoy y Algún Día. Podés ingresar las tareas ya sea escribiéndolas o mediante voz apretando en el icono del micrófono. Cuando estés ingresando las tareas, verás que ANY-DO te sugerirá automáticamente palabras que pueden predecir lo que estás queriendo ingresar. También podés compartir tareas con otras personas. Simplemente aprieta en la tarea que querés compartir, aprieta sobre el icono Amigos e ingresá el nombre o su dirección de correo electrónico. Es así de simple.

Podés crear carpetas para una gestión más fácil de tus listas de quehaceres apretando en la elipse localizada en el vértice inferior derecho y luego apretando Carpeta. Podés crear y etiquetar carpetas para diferentes categorías como "cosas de la casa", "arreglos para el casamiento" o "proyectos de negocios". Es muy fácil agregar items en tu lista d equehaceres en cualquiera de las carpetas. Lo únco que tenés que hacer es deslizar hasta abajo y apretar el icono para el Micrófono, que está situado en el vértice superior derecho de tu pantalla y decir qué tarea querés agregar. Esa tarea se agregará instantáneamente en tu lista de cosas para hacer. Si querés eliminar alguna tarea de tus carpetas, deslizá la pantalla hacia la izquierda y apretá "borrar".

Es relativamente fácil sincronizar tus tareas en ANY-DO así que no tenés que preocuparte de perder tu lista de quehaceres si algo le sucede a tu dispositivo. Tan solo aprieta el vértice inferior derecho la elipse y luego aprieta "Sync" y está pronto. ANY-DO realiza un respaldo (backup) de tu lista de quehaceres rápido y fácil.

Con listas ordinarias, existe el riesgo de olvidarse de hacer las cosas anotadas en la lista. Pero con ANY-DO el riesgo es prácticamente nulo. Lo único que tenés que hacer luego de crear la tarea es apretar en el icono "Recordatorio" para establecer la frecuencia de alertas, lugar y hora.

Es fácil eliminar tareas que ya hayas

cumplido o que no sea necesario que realices. Tan solo apretá en la tarea puntual y deslizá hacia cualquier lado o simplemente agita tu tablet o smartphone. Si querés dar un vistazo general, apretá el vértice inferior derecho, la elipsis, luego en "Settings", "Preferencias" y "Tareas Finalizadas", que te listará todas las tareas que ya hayas realizado. Podés elegir eliminarlas una a una o todas juntas.

WUNDERLIST es un app genial, porque lo uqe hace es dividir las tareas en listas, y ésto lo que hace es que fácilmente puedas distinguir qué tareas pertenecen a qué proyecto o categoría. También podés marcar ciertas tareas con alta prioridad. Me gusta ésto por lo fácil que es de usar, puede ser simple, pero si necesitás un poco más de complejidad, éste app puede manejarlo también. Podés también agregar notas a tareas específicas.

Por muchos años, WUNDERLIST era tan simple que básicamente era una larga lista de cosas que tenías que hacer. Si sos del tipo de persona que le gusta un alto grado de organización, entonces no era el app para ti. Pero dada la insistencia del mercado que lo demandaba, agregó una característica organizacional muy útil: Carpetas.

Las carpetas de WUNDERLIST son muy simples. Podés arrastrar y soltar tus listas de quehaceres en otra lista para crear una carpeta que contenga a ambas. A pesar de que sus carpetas tienen usos limitados, como nombre, listas, reorganización y reposicionamiento, en la pantalla de inicio, es aún muy útil. Porqué?

Primero, permite que organices de manera correcta tus listas y sus items, que es el primer paso en la gestión efectiva de las listas de quehaceres. Segundo, podés usar las carpetas para crear una lista de tareas que ya hayas cumplido, donde simplemente, movés el item ya terminado de una de tus listas a la de cumplido. Dado que todas tus listas previas están guardadas, es fácil recuperarlas en caso de que necesites alguna como referencia.

Otra razón de porqué es útil es que podés crear diferentes tipos de listas de quehaceres usando los mismo items y cambiándolos entre ellos fácilmente. Por ejemplo, si ordenaste tus tareas inicialmente por importancia y a la semana siguiente querés ordenarlas por fechas de entrega, tan solo tenés que arrastrar y soltar cualquiera de las listas en la otra carpeta y listo, tenés actualizada tus listas organizadas de diferentes maneras.

WUNDERLIST es también una excelente alternativa para los Recordatorios de iOS, porque podés agregar éstos recordatorios vía dictado. Por ejemplo, hasta es una buena idea eliminar los Recordatorios iOS.

Como alternativa, POCKETLISTS es otro app que es muy buenoo para ayudarte a reconocer prioridades por estar codificado mediante colores, y encuentro que eso trabaja de verdad rápidamente ya que tu mente es atraída directamente hacia esos trabajos que están marcados en rojo. Si sos una persona que codifica con colores, éste sea el que mejor pueda ayudarte con esas tareas que compartes con otras personas, ya que todos están haciendo las cosas con la misma prioridad y eso es algo que si estuviera simplemente escrito, no podría ser cumplido. La sincronización de éste app es de primera mano, ya que mientras que todos los que estén en el grupo estén trabajando con el mismo sistema, estarán trabajando todos en el mismo plano y ésto es muy valioso si trabajás con fechas de entrega acotadas.

Otro app es el GOOGLE KEEP, que es para Android y es relativamente simple. Es rápido y flexible y lo podés bajar gratis de internet. GOOGLE KEEP, puede guardar notas escritas, notas verbales, fotos, listas, y posee la habilidad de mantener tus listas de quehaceres sincronizadas con la nube y otros dispositivos. También posee recordatorios que son disparados ya sea por tiempo o lugar, para asegurarse de que te acuerdes en el acto y no pongas como excusa tu poca memoria. Como no tenés que registrarte, armar categorías o importar otras listas, es un app muy conveniente para usuarios novatos.

Su simplicidad también puede ser considerada por otros como una limitante. En primera instancia, su simplicidad hace que tenga menos características que otros apps. GOOGLE KEEP no posee sub tareas, calendario, tareas recurrentes u otras características que puedan ayudarte a planificar proyectos más largos o gestionar tareas recurrentes. Pero para mucha gente, esas cosas no son importantes, porque al final del día, lo único que ellos quieren es una lista de quehaceres electrónica fácil de usar. Y para ese tipo de personas GOOGLE KEEP es para que se lo queden.

HABITRPG es un app único. Eso es porque de todos los apps, es el único que conozco que hace que las tareas sean divertidas convirtiendo tus listas de quehaceres en juegos (de ahí el RPG), en donde podés aumentar el nivel de tu personaje, aplastar a tus enemigos y conseguir recompensas y botines, tan solo completando tus tareas. Este app es más para aquellos que les gusten los juegos pero quieran usar bien sus listas. Comparándolo con otros apps, es más popular. Hace que el completar las tareas se vuelva un hábito muy disfrutable.

RECUERDA LA LECHE (Remember The Milk

RTM) es una web basada en el manejo del tiempo y apps de lista de quehaceres y te permite crear y gestionar listas de quehaceres usando prácticamente cualquier computador o equipo electrónico hasta cuando no estás en línea. Entre otras características, RTM te permite crear listas con múltiples tareas con diferentes filtros o campos, posponer o retrasar tareas y sincronizar con Fmail y MS Outlook.

TRICKTRICK es otro app popular, y sucesor del ya terminado app ASTRID. Era capaz de hacer lo básico mientras que hacías tus tareas, pero también permitía la sincronización con als cuatro plataformas (Android, iOS, Web y Chrome). Básicamente, si querés un app que sea básico y llevar tu lista a medida que la vas haciendo y sincronizar con otros dispositivos, andá con TRICKTRICK.

EVERNOTE es un app más engañoso, como ya le ha pasado a mucha gente que ha sufrido con su uso. EVERNOTE es un app de plataforma cruzada que hace muchas cosas: un gabinete de carpetas digital, herramienta para notas de voz, diario íntimo, sistema de gestión de tareas/proyectos, acuso de recibo, y otras características útiles. Es como el smartphone de las listas de tareas haciendo y ofreciendo tanto. Esa es la fortaleza más grnade de EVERNOTE, pero también su debilidad. Mucha gente disfruta de hacer mucho con sus apps, mientras que otras, prefieren que los apps hagan una sola cosa. EVERNOTE se encuentra entre los que lo aman y los que lo odian.

Entonces, porqué deberías de estar entre los que lo aman?, Porque, corriendo el riesgo de repetir lo msimo, puede hacer lo que sea. Seguro, puede que no realice las tareas tan rápido como otros apps más específicos, pero las hace todas. Qué preferirías tener? 10 apps separados que estén especializados en diferentes tareas como acuso de recibo, marcadorde libros, lectura online? O un solo app que pueda hacer todas a la vez? EVERNOTE es especialmente útil para aquellos que tengan que realizar muchas tareas o tengan muchos items que cumplir, y aún así, mantenerlos organizados.

Capítulo 6 – Cómo Capturar Ideas Sobre La Marcha E Incorporarlas A La Lista De Quehaceres

El problema con cualquier sistema es que está evolucionando constantemente. Utilizar tus apps en el día a día es una excelente idea, para estar atentos a las nuevas ideas o tareas que vayan apareciendo en el camino. Yo recomiendo preparar una lista separada en tu app especialmente para el ingreso de nuevas ideas/tareas a medida que vayan apareciendo. Puede ser llamada "A priorizar", para que puedas volver al final del día y asignar las tareas a la lista que corresponda y asignarle las prioridades correspondientes. Un error común que la gente comete es agregar demasiado a sus listas de quehaceres actual, que lleva a que no las realicen por ser muy complejas. Entonces, es mejor que tomes nota de ésto, y anotes esas ideas en la lista separada, para luego poder revisarla y asignarlas al lugar que corresponda.

El tipo de notas que pueden aparecer "sobre la marcha" son cosas como llamadas telefónicas que debas realizar, algún pedido surgido de alguna reunión, ideas que puedan ser incorportadas a proyectos que están encaminados, o simplemente cosas que la gente te pida que hagas. Lo que sucede, es que cuando querés incorporarlas a tu lista de quehaceres, las únicas que deberías incluir son aquellas que vas a realizar en el momento, que necesitan de acción. Otras, podés simplemente mandar un mensaje a la persona que debería ocuparse para ponerla al tanto y se dé por enterada, pidiéndole que anoten eso en su lista de quehaceres, y tú realizar un seguimiento, para que puedas chequear que se esté llevando a cabo.

Nota: El problema de delegar trabajo a otras personas es que vos tenés que saber que se están llevando a cabo, entonces lo único que tenés que anotar en tu lista es un recordatorio para chequear el progreso de éstos, y ésto es tan fácil con algún recordatorio. El diario en el iPad es capaz de ayudarte con ésto, por lo que no necesitás transferir demasiada información y desordenar tu lista de quehaceres. El truco está en que cuando recibas el alerta (verificando que esté realizado), es el momento en el que tú tenés que incluír ésto en tu lista de quehaceres para que luego no ignorarlo u olvidarte.

Haciendo énfasis en mi punto anterior, ser organizado y haciendo una cosa a la vez es vital cuando estás tratando con tecnología para hacer el seguimiento de las cosas que tenés que haceer. Si te desviás, podés olvidar fechas importantes o tiempos de entrega, o tomar notas incorrectas. Esto puede hacer que parezcas un idiota cuando se supone que debías entregar un trabajo y no lo hiciste. Cuando vas anotando tareas sobre la marcha para luego analizar, recuerda siempre colocar alertas, recordatorios, para esas nuevas tareas. No solo las leas, movelas hacia la lista de quehaceres en la que deben estar, para que puedan ayudar a que llegues a la meta establecida. Esto te ayuda a estar encima de todo lo que está sucediendo en todo momento, sin volverte loco.

El punto es que con toda ésta nueva tecnología, es muy fácil olvidar cosas o desviarse de ellas, así que si destinás dos momentos en el día, por ejemplo en la mañana y en la hora del almuerzo, podrás organizar y agregar las cosas que vayan apareciendo, en tu lista de quehaceres, y luego seguir con tu día. Por eso es importante tomarse un respiro al mediodía y te lleva unos segundos programar la información en tus listas y luego compartirla con tus colaboradores para que sepan lo que ellos se supone que hagan.

Lo que está tan bueno de saber todas las tareas que tenés que hacer, es que la gente te ve como con una excelente memoria, cuando en realidad estás permitiendo que la tecnología trabaje para ti. En cuestión de segundos, puedo responder preguntas o mirar información específica con tan solo abrir mi lista de quehaceres. Eso es lo que yo llamo eficiencia y si vos podés adoptar un sistema como éste, verás qeu es tremendamente útil para tí y para tener contento a todo el mundo. A veces puede parecer un acto de malabares, pero con la tecnología de tu lado, todo es más fácil de lograr.

Software

Para quienes usan computadoras, están los pro Mac o los pro Pc.Los usuarios Mac aman el cómo se organizan sus apps y la alta calidad de los mismos. Como regla principal, hay más aplicaciones para Mac, pero no se especializan en la captura de ideas. Sin embargo los apps van y vienen, por lo que lo que el año pasado haya sido popular, ahora está olvidado y preocupado.

OMNIFOCUS. Otra gran pieza de software de gestión de tareas. Te permite capturar tareas de cualquier lado, sin cambiar de aplicación. Podés enviarte un email a ti mismo con tareas o capturarlas vía captura de escritorio. Otra de las características útiles de OmniFocus es que se integra al iPhone. Eso significa que todo lo que captures con OmniFocus, lo podés sincronizar luego con tu Mac.

Nuevamente, el atractivo de las computadoras Mac es la gran cantidad de apps productivos que tienen listos para ser usados. No se puede decir lo mismo de la comunidad de Windows, aunque tienen algunos apps también.

LAUNCHY. Es una aplicación de fuente abierta para realizar toda tarea que esté relacionada con Windows. Es muy funcional, y se puede utilizar con otros apps. Puede integrarse con otros software de gestión de tareas mediante el uso de plugins.

SCREENSHOT. Ambos, Mac y Windows vienen con la captura de pantalla del computador. Para los usuarios Mac, pueden redimensionar la captura antes de que la tomes, o hacerlo inmediatamente después con el comando "Cmd + Shift + 4". Para Windows, tan solo apretás "Print Screen", tecla que se encuentra arriba a la derecha en tu teclado, y tenés la foto de todo tu escritorio.

Las capturas de escritorio son realmente útiles para visualizar lo que estás buscando. Es como que dijeran "una imágen vale más que mil palabras", esa imágen puede ayudarte a que rápidamente veas qué es lo que está sucediendo, sin que pierdas tiempo en escribirlo. Lo único malo de las capturas de pantalla es que no te permiten buscar textos que se encuentren en ellos. Como contrapartida, no tenés que preocuparte de bajar las capturas de pantalla, ya que hay apps en tu computadora uqe lo realizan por ti.

Software de captura de Ideas Universales

EVERNOTE. Como ya he mencionado en el otro capítulo, EVERNOTE es un software y app para hacer todo, y está disponible para iPhone, Mac, PC y Android, y Firefox. Te permite capturar ideas en todo momento y donde quieras, ya que se sincroniza donde quieras. El beneficio real de EVERNOTE (especialmente para capturar ideas) es la habilidad de leer textos dentro de imágenes. Si hacés una captura de pantalla de tu escritorio, EVERNOTE escaneará esa captura y extraerá el texto que existiera, para que luego lo puedas utilizar.

Puedes almacenar hasta 40 MB de información en la versión gratuita, y luego comprar más espacio luego (es costoso).

SIMPLE TEXT FILES. Los archivos de texto son uno de los más viejos y maneras más simples de guardar ideas en una computadora. Tan solo escribe ".txt" y está pronto. No importa qué plataforma uses puedes crear y guardar archivos en tu disco duro. Algunos adoran esta manera de guardar ideas, mientras otros se ríen por lo simple que es. A pesar de que no viene con las campanas y chiflidos de los software de Windows, es fácil y rápido. Con los archivos de texto, el software no se interpone frente a la idea, como puede pasar con software más complicados.

Apps de la web para capturar ideas

Existen muchos apps en la web para hacer las listas de tareas, gestión de proyectos y mucho más. Estos apps hablan de sus usos, pero solo uns pocos realmente sacan jugo de éstos y capturan ideas y pensamientos rápidamente. Aquí hay algunos ejemplos de éstos apps de la web.

GOOGLE DOCS. Es una versión online del procesador de texto. Es excelente para escribir ideas que vayan surgiendo a lo largo del día, y también te permite sincronizar los documentos para usarlos estando offline, si usás Google Gears.

Otra gran característica de GOOGLE DOCS es que podés crear documentos ilimitados que pueden ser organizados en carpetas. Esto te permite organizar tus pensamientos e ideas en un lugar seguro y luego mirarlos, por ejemplo en un día de lluvia.

REMEMBER THE MILK. RTM está en otra liga cuando hablamos de portabilidad y número de opciones para capturar ideas. Tiene un software de gestión de tareas excelente, y puede integrarse con un sinfín de servicios que pueden ayudarte a capturar las ideas. RTM se puede integrar con los siguientes dispositivos y apps:

Gmail, Blackberry, iPhone/iPod Touch, Twitter y Calendario de Google.

Una mención especial le voy a dar a BACKPACK (Mochila), una de las primeras aplicaciones para quehaceres. Se considera como nuo de los mejores y más usados, y posee muchos usos. Sin embargo, si intentás ingresar ahora en el sitio, aparecerá una carta de disculpas por parte de la companía diciendo que BACKPACK ya no está disponible para nuevos usuarios. Pero existen buenas noticias acerca de ésto. Primero, los usuarios que ya tenían BACKPACK antes del cierre, aun pueden acceder a sus cuentas y toda su información está respaldada. Ya hay un sucesor espiritual desarrollado por la misma companía, BASECAM y está abierto para nuevos usuarios.

NOW DO THIS (AHORA HAZ ESTO). Est app productivo y simple, es como una parodia para otros apps similares. Solamente escribe una lista (separada por líneas de separación) de tus items. Está diseñada para ser una herramienta para hacer cosas, pero también puede ser usada para mantener ideas frescas en tu cabeza y guardarlas en un lugar seguro. Solo tenés que clickear en "editar lista", agregar tu idea/pensamiento y estás pronto. No tenés que registrarte ni nada.

TWITTER. Si, el website que comparte tantas cosas con Facebook, y que probablemente uses todos los días para ver qué comparten tus amigos. Aunque no lo creas, puedes utilizar la herramienta útil de TWITTER para tirar ideas rápidas en tu cuenta. TWITTER se integra con el app RTB, y Brett Kelly tiene un gran método para enviarte mensajes a ti mismo desde TWITTER. Puedes ingresar a TWITTER prácticamente desde cualquier dispositivo o plataforma, por lo que tiene sentido la utilización de éste para la rápida captura de ideas.

Aplicaciones de captura para iPhone

Como el mercado de celulares sigue creciendo y mpas smartphones están ingresando en el mercado, mucha gente utiliza esto para otras cosas más allá de hablar. Se están desarrollando servicios, aplicaciones amigables para el celular y se está convirtiendo en algo más fácil el guardar información sin necesidad de una computadora o laptop. Lo único que tenés que recordar es mantener el celular cargado y actualizado.

iPhone/Blackberry. Los smartphones como éstos cambiaron la manera en que la gente utiliza el celular. Sacar fotos, acceso wi-fi, enviar emails, mensajes de texto, mandar y recibir diferentes tipos de informacion, comunicación. Podés hacer todo eso y más con tu teléfono celular.

Hay un sinnúmero de aplicaciones de captura y productividad en los sitios de apps. Los apps con los que ya vienen en los celulares por default, te llevan a los app store donde podés comprar o descargar otros apps. Como OMNIFOCUS para iPhone. Existe también una app que sirve para Blackberry e iPhone que se llama NOTE2SELF, que te permite grabar mensajes de voz para ti mismo. Tengo un amigo que utiliza las grabaciones de voz en una clase a la que asiste y en la cual no puede tomar notas, para luego poder pasarlas.

JOTT. A través de él podés guardar pensamientos que llegan cuando no tenés papel a mano o una computadora. Tan solo llamá al número de JOTT y decí tu idea. JOTT lo convierte a texto y te lo envía a tu correo. Muy simple y poderoso.

BONUS: Los relojes que graban MP3. Un pequeño reloj que puedas grabar y reproducir audio, es algo que te puede servir. Podés ponerle auriculares al reloj y escuchar lo que grabaste. Parece algo salido de una película de James Bond, pero ya están aquí.

Capítulo 7 – Cuando TrabajasCon Tareas Rutinarias (Como El Email)

El Email es algo diario. El problema de cuando frenás cada 5 minutos para responder un email es el tiempo que perdés que podrías haber utilizado en alguna otra actividad más productiva. Si, coincido, tenés que responder el email en tiempo y en hora, pero no tenés que estar parando las tareas que desarrollar de tu lista de quehaceres para hacer ésto. Los que hacen ésto se darán cuenta del lío que hacen y lo improductivo de ésto, ya que se desvían con facilidad. Por lo que debés establecer una hora específica en la cual chequearás y responderás los emails en el día.

Necesitás aprender a utilizar el email de la mejor manera posible. Si le vas a dedicar cierto tiempo al email, lo que podés es establecer una respuesta autoomática para que la gente esté al tanto de que chequearás la casilla cuando tengas tiempo, o en determinado tiempo. Podés cambiar el mensaje cuando quieras, y ésta es una tarea fácil que te llevará unos minutos y de ésta manera sabrás que la gente recibe un mensaje tuyo. Mis mensajes los tengo guardados en Word, para así evitarme tener que escribirlos cada vez que los cambio:

Gracias por tu email. En éste momento me encuentro ocupado, pero te responderé pronto

Ese es uno estandard, pero podés agregarle cosas para que sea más específico. Por ejemplo si te estableciste un horario para leer y responder emails:

Gracias por tu email. Chequeo mis mails todos los días alrededor de las 10 AM y estaré respondiendo el tuyo en ese momento. Si, mientras tanto, lo que necesitás es urgente, podés llamarme por teléfono.

La idea de éstas notas es la de asegurarte que tus clientes sepan que el mail te llegó. Luego, necesitás decidir en qué momento del día podés encargarte con los emails sin distracciones para que puedas terminar con ellos rápidamente y vaciar tu casilla de correo. Recuerda que las multittareas no te ayudan mucho cuando tenés trabajo que hacer. Así que dejate una hora dos veces al día para los emails. Esto podés hacerlo en la mañana cuando llegás a la oficina y luego de haber almorzado.

Luego, mira cada uno de ellos para ver el nivel de urgencia de cada uno. Algunos van a ser cosas que podés responder relativamente rápido, sin mucho pienso y ésto te quitará poco tiempo. Una vez que hayas terminado con ésto, sigue con aquellos que puedas responder sin necesidad de levantarte de tu escritorio para buscar más información. Por último, tratá con aquellos que necesiten que hagas un poco más de investigación, tengas que moverte por la oficina antes de responderlos.Tenés que asegurarte de que tu sistema de email es uno bueno, cosa de que tengas toda la información al alcance de la mano. No es bueno estar revisando 5000 emails intentando encontrar aquel que te provea de la información que necesitás. Si los ordenás en cajas separadas, sabrás dónde está cada uno en el momento en que lo necesites.

Para ahorrarte tiempo, existen cosas que puede hacer. Por ejemplo, el encabezado al principio del email por lo general es standard. Si tienes notas del tipo de cosas que decís en la apertura, cierre, información general, podés armar un archivo con ellos con CRM para ingresarlos. Si no tenés CRM, podés tenerlos por separado, pero asegurate de que cada mail que respondas tenga tu firma digital y toda la información antes de enviarlo.

Este tipo de bulto rutinario, no debería de tomarte tanto tiempo si te organizás. En los negocios, si no sabés la respuesta al problema de alguien, no te molestes en responderles un mail diciendo:

No estoy seguro, tengo que chequear y vuelvo a contactarme con vos.

No es la respuesta más profesional. Mucho mejor es que lo refieras a un colega que pueda responder a su duda:

Tu email se lo envié a mi colega ………………., que se pondrá en contacto con vos pronto con la respuesta. Su casilla de correo es ……………

Haciendo ésto, te estás sacando de encima un item de tu lista, o incluso, nunca lo será. Tu colega puede hacerse cargo y el trabajo ser realizado.

Es una manera más sensible de tratar con éste tipo de emails, significa que no perdiste tiempo en cosas que vos no sabés o respuestas que no tenés. Cuando te sentás a responder los emails, respondelos. No te comuniques por mensajes internos. No dejes ninguno de ellos para después, el después a veces nunca llega. Mantené las respuestas automáticas hasta el momento en que vuelvas a sentarte a responder los mails.

Eso te da una mayor paz en tu mente poruqe sabés que ya has tratado con todo lo que ha ingresado y que todos los que te escriban después de ese momento van a tener la respuesta automática. Es mejor ésto a que no sepan si has recibido o no el correo y deja a todo el mundo contento.

Otras tareas rutinarias

El email no es la única tarea rutinaria con la que vas a tratar y si puedes llgar a priorizarlas, mucho más fácil. Cuando tratas con papeles, lo mejor es tener una pila de las cosas que sean fáciles, las que requieran de otras personas y las que sean urgentes. Tratá a primera hora de la mañana con lo que sea urgente y luego si tenés tiempo para hacerlo, respondé a los emails. Luego ve hacia la pila de cosas que sean fáciles de tratar, para que las pilas que hiciste puedan manejarse mejor. Si existiera algún trabajo que requiera de alguien más, entonces usá la cámara del celular o de la computadora para enviarlo a ellos. Eso toma segundos, pero con eso ya están al tanto de lo que deben realizar. Y sin darte cuenta te queda solamente las cosas que de verdad necesitan la atención y es más fácil cuando te encuentras con energía suficiente. Para el fin del día, todo tu trabajo y tus emails deberían de estar realizados y respondidos, y te encontrarás con un escritorio libre para la mañana siguiente, y todo aquello con lo que no trataste, recordá anotarlo en el calendario o ponerte una alerta para que puedas integrarlo al trabajo del día siguiente.

Utilizando el Calendario.

Cualquier app de calendario puede ser útil, especialmente aquellos que puedan sincronizarse con el celular. Ante todo, acordate que todos los calendarios digitales modernos no los ves completos, que podés perfectamente ver cada uno de manera individual. Cuando necesites ver las fechas de entrega o reuniones que tenés, podés verlos sin ver la "rutina diaria".

Para establecer tu calendario de rutina diaria, abrí el app que quieras y generá una rutina nueva. Luego de nombrarla, creá un nuevo evento como por ejemplo "Almorzar".

Programá el evento para que se repita a diario y te de una alerta. Si es un recordatorio del tipo pop up, asegurate de que el calendario te avise de manera correcta. Así, cuando recibas el popup, dejes todo para ir a almorzar. Si, hacé como dice la tarea y salí a almorzar. Tomá éstos eventos de manera seria, respetá el calendario y encontrarás que la rutina se transforma en algo más fácil de seguir.

Pensá también el cuándo vos querés agendar éstas cosas. Tal vez agendalo para cuando no tengas mucho trabajo que hacer, así no estarás dejando todo de lado para ir a almorzar.

La clave está en programar el calendario y seguirlo. Tenés que ser serio al momento de adherirte a él. Está bien que te estés "mandoneando" con éste calendario. Esto te ayuda con tu bienestar físico y estabilidad mental. No te mandes al fondo frente a otras prioridades, o ignores ambas, establecete estas rutinas para tí y apégate a ellas, para que vivas tú tu vida.

Tipos de eventos que tu calendario debería incluir

La rutina de cada persona es diferente, entonces éstas listas tal vez no las comprendas y algunas cosas tal vez no apliquen para tí. Considerá tu rutina, qué es lo que habitualmente perdés debido a distracciones, y colocalas en tu calendario. Consideremos las tareas diarias en tu hogar que has dejado de lado.

Terminá con tu trabajo. Si tenés problemas balanceando tu trabajo y tu vida hogareña, tal vez necesites programarte a ti para salir del trabajo y cortarlo. Si no haces ésto, te verás trabajando fuera de hora y perder muchas actividades en el hogar como la cena. Programá la alarma para cuando sea hora de cortar, revisá tu programa diario de tareas al final del día y andá a tu casa.

Ejercitate. Si tenés una rutina de ejercicios para realizar todos los días o cada tantos días, es buena idea que te la agendes. No digas "voy a ejercitar en algún momento", porque NUNCA vas a ejercitar en algún momento. Es una promesa muy vaga y te permite deslindarte fácilmente de ese compromiso. Si queré ejercitar, hacelo todos los días, ya sea yendo al gimnasio, haciendo gimnasia en las mañanas o levantar pesas en tu casa. Ejercitarse también debe de ser una prioridad ya que te ayuda con tu salud y bienestar.

Limpiá. Te puede llegar a sorprender el desórden que puede haber en tu casa después de un tiempo, especialmente si no la atendés. El tiempo pasa, tu atención se ve enfocada en otras cosas y puede llegar a que dejes de lado las tareas. Considerá el tomarte 10 o 15 minutos diarios para ordenar un poco, en lugar de hacer una gran limpieza los fines de semana. Es más efectivo y requiere menos esfuerzo y es menos estresante a largo plazo. El mejor momento para realizar éstas pequeñas limpiezas es luego de una gran comida, cuando tenés que levantar y lavar los platos.

Recibí tu correo. A veces el correo deja de llegar a tu buzón si no te molestás en abrirlo y retirar todo lo que te ha llegado. El trabajo del cartero es llevarlo hasta tu casa, no debería de ser su trabajo el retirarlo de tu buzón cuando éste esté lleno. Si no acostumbrás a chequear tu buzón diariamente, podés programar una alarma/recordatorio para ésto.

Sacá la basura. Es una tarea que hacés una vez por semana. Puede ser muy malo que pierdas el camión recolector.

Otras tareas. Planear la cena, lavar ropa, pagar cuentas, analizar tu presupuesto mensual, existen muchas tareas que puedes planificar así. Las tareas repetitivas también deben ser consideradas importantes. La idea central es marcar una hora para dejar las distracciones y realizar esas tareas.

Las tareas del hogar puede que no sean como las del trabajo, pero es importante para tu casa. Si prestás atención a las cosas que debes realizar, podés darte cuenta de para cuáles debés programar recordatorios y hasta ponerles un tiempo.

Capítulo 8 – Revisando El Progreso De Los Quehaceres

Es importante tener una rutina regular para chequear tus listas de quehaceres para asegurarte de que todo va sobre ruedas. Sencillamente, armá un evento en el calendario con un recordatorio semanal en tus listas. Lo único que tenés que hacer es dejar 30 minutos libres una vez por semana.

Si tus proyectos involucran a otros, Google Documents es un lugar maravilloso para mantener los detalles del trabajo y un lugar en el que podés incluír colaboradores para un trabajo en particular. Lo que tenés que hacer es programar una alarma para tí una vez por semana para revisar tus listas, y ésto debería desencadenar otras cosas:

Enviar Emails a las personas que están involucradas

Reportes en el progreso de todos los involucrados

Solución de problemas y volver a priorizar

tareas

Es una buena idea utilizar Googlee Docs para éste tipo de cosas. Si utilizás las hojas de trabajo para todos los miembros y que cada uno llene el progreso en los trabajos que se les asignó, las columnas que son importantes para el trabajo van a estar al día con el trabajo que se le asignó, y lo que se les solicitó. Debería de haber una columna en la cual los colaboradores pudieran marcar los trabajos ya finalizados como parte del trabajo general que se le dió, con la fecha en la cual la finalizó y alguna nota que pudiera ser relevante. Si se les dió algún trabajo para hacer o escribir algo más, pueden pasarlo via Google Docs para que lo revises rápidamente.

Google Docs es un excelente lugar para mantener la confidencialidad, y que cada colaborador vea lo que a él le corresponde y nadie más sepa lo que él tiene que hacer. Una vez que el trabajo te lo han enviado, podés sacarlo de los documentos Google, y si no estás satisfecho, podés volver a enviárselo junto con una nota solicitando la información extra que debe incluír en el informe para que sea satisfactorio.

Lo mismo sucede con el ingreso de números o metas en ventas, y podés tener hojas que demuestren cuál es la meta, y que tus empleados llenen con sus números y detalles, para que tu estés al tanto.

Lo mejor acerca de Google Docs es que podés descargar el app y acceder en cuestión de segundos desde tu tablet, y desde allí alertar a alguien si no llega a cumplir. Encuentro que ésta es una manera muy efectiva de llegar a las fechas de entrega y revisar la situación, aunque deberás establecer tus propias alertas para ir revisando el progreso.

La razón de porqué ésto funciona es porque no tenés que molestar a la gente cuando está trabajando, cuando alguno haya demorado en terminar algo que le has asignado. Podés hasta asignar a cada miembro del equipo con un color para que cada uno sepa la prioridad del trabajo que se les ha asignado y también comentar si alguien viene retrasado.

Si tenés experiencia en gerenciamiento, sabés que necesitás de toda ésta información días antes de comenzar a elaborar el reporte y saber qué cosas están al día, para que no estés buscando ésta información en los últimos minutos. Utilizando tus apps y tu email, podés asegurarte de que la gente esté al tanto de las fechas de entrega. También podés ver si alguno está teniendo problemas y alentarlos a que te dejen notas respecto de su progreso, para que estés al tanto de lo que está sucediendo con el proyecto en pos de la finalización del mismo.

Existen algunos apps complejos para todo ésto, pero yo usaría un app simple. Encuentro que manteniendo la simplicidad funciona mejor porque no necesitás dedicarle mucho tiempo a intentar entender los apps más complejos. Entonces, usando un app como WUNDERLIS o TODOIST puede ser genial, porque pueden manejar muchas tareas mientras son sencillos de usar.

Capítulo 9 – Qué Hacer Cuando Te Sentís Superado

Qué es ABRUMADO?

"El abrumarse sucede cuando las demandas de atención de la gente se ven incrementadas exponencialmente. El cerebro humano no estaba diseñado para manejar el ambiente en el que vivimos. Para la gran mayoría de la historia mundial, la vida humana (cultural y biológica) se iba dando forma a través de la escacez. Comida, vestimenta, refugio, herramientas y casi todo debía ser cultivado o fabricado, a cambio de un algo costo de tiempo y energía. La sabiduría era poder, y era difícil de adquirir, por siglos, los libros han tenido que ser copiados a mano y eran raros y preciosos. Existe hasta la escacez humana, amigos y parientes morían jóvenes (hasta los 1900, la expectativa de edad en los Estados Unidos era de 49 años). Este tipo de escacez aun maneja las regiones más pobres del mundo. Pero en el mundo desarrollado, cientos de millones de nosotros corremos el riesgo bizarro del exceso. Nuestros cerebros, instintos y comportamientos para socializar siguen estando preparados para un ambiente de escacez. El resultado? Sentirnos abrumados, superados en una escala sin precedentes", dice Martha Beck.

Lo primero que tenés que ver es qeu todo el mundo se siente abrumado en algún momento de su carrera o su vida personal. La organización ayuda a que ésto se sienta menos, pero aún así van a haber tiempos en los que realmente no sabrás cómo manejar todo lo que tenés que hacer. Hay puntos importantes qeu tenés que recordar, que no los verás como relacionados con el trabajo, pero que de cierta manera están relacionados con tu performance en el trabajo y en tu casa. Asegurate de seguir el consejo que está aquí debajo porque es vital. Aquí hay algunas tácticas que podés usar para sentirte menos agobiado:

Dormir lo suficiente cada noche

Cortar con todo lo relacionado al trabajo

una vez hayas preparado todo para la mañana siguiente

Apagar tu celular después de horas

Aprendé a delegar

Asegurarte de estar tomando las pausas necesarias

La gente que se siente abrumada por algo es a raíz de la tendencia de re hacer las cosas porque tienen miedo de no poder cumplir con los compromisos laborales y en el hogar. Sin embargo si seguís éstos cuatro conejos que te di arriba, estarás en posición de comenzar, y el resto viene solo. Veamos algunas cosas que podrías encontrar difícil:

Tu carga laboral es muy pesada – si tenés mucho trabajo y sos un poco perfeccionista, hay chances de que realices mucho de ese trabajo tu mismo. Aprendé a delegar y a incluír otras personas, tanto en el trabajo como en tu casa, porque cuando aprendés a confiar en otros, podés compartir la carga laboral y aún así lograr el mismo objetivo. La manera de hacer esto es asignando parte de la carga a personas que creés que son capaces de hacer ese trabajo y asegurarte de incluír el recordatorio para que puedas chequear que se esté haciendo.

Mirá en tu lista de quehaceres y analizá qué es lo que podés delegar para que tu lista se vuelva más manejable. Asegurate de que cada tarea esté desmenuzada en tareas más pequeñas, detalladas. Muchas veces vas a poder delegar partes del trabajo y luego realizar un reporte del trabajo global en el cual cada uno haya hecho su parte. El peso del mismo no tiene porqué recaer sobre tus hombros, y si dividís el trabajo en partes más manejables, vas a conseguir tener un mayor control porqeu es más fácil de completar pequeñas tareas en vez de intentar cumplir con una tarea mucho mayor por ti solo.

En tu casa, sé honesto con tu pareja acerca de la cantidad de trabajo que tenés y pedile a tu pareja que te ayude con aquellas tareas que te están impidiendo hacer otras porque te quitan tiempo. Es una sociedad, entre los dos van a poder realizar más cosas, y si sos honesto acerca de sentirte abrumado, tu pareja va a sentirse bien de cada tanto darte una mano para cumplir con todo.

Evaluá tu trabajo – Todo el mundo necesita hacer ésto de tiempo en tiempo, y si sabés de mejores maneras de realizar más cosas en ese mismo tiempo, no tengas miedo de juntarte con tu jefe y discutir eso. Pueden existir ciertas políticas en la companía que te estén reteniendo. Pueden, por ejemplo, haber demasiadas reuniones que consumen todo tu tiempo productivo. Tal vez tu jefe pueda reducir el número a aquellas necesarias, eso te daría más tiempo para realizar las cosas que tenés que hacer. Si encontrás que estás siendo sobrecargado con más trabajo del que anteriormente hacías, es en realidad como un cumplido, porque tu jefe cree en tí y ve que podés hacerlo, pero debés decirle que podrías llegar a necesitar más gente en tu equipo ya que te está quitando mucho de tu tiempo.

Evaluá tu carga laboral – En tiempos en los que te sientas abrumado, sentate y examiná todo lo qeu tenés en tu lista de quehaceres. No te preocupes por el tiempo. Simplemente, analizá las prioridades, ya que algunas van a tener menos que otras. El problema es que la gente que se siente abrumada, tiende a entrar en pánico porque ve el todo. Respirá hondo y mirá la lista de manera realista, cambiá prioridades, quitá del medio aquellos trabajos que podés, para que tu lista sea más manejable. Buscá los trabajos que puedas delegar fácilmente y sacalos. Podés manejarlos con el mismo nivel de urgencia pero no necesariamente vas a tener que ser tú quien los haga. Buscá las cosas que pueden esperar hasta mañana y quitalas de tu lista de hoy. Acordate de anotarla en la lista de mañana.

Lo que tenés que hacer es asegurarte de no sentirte abrumado por estar sobrepensando las cosas. Muchas veecs la gente pasa más tiempo preocupándose que en verdad siendo productivo. Si podés examinar tu lista, decidir tus prioridades, delegar cada vez que sea posible, tu lista va a ir reduciéndose y volviéndose más manejable. Entonces te sentirás capaz de poder finalizarla. Si nunca lo has intentado, toma un descanso y no te lleves el celular contigo. No pienses en nada ni remotamente asociado con el trabajo y recordá que ese descanso tiene que ser solo eso, un descanso de todo. La razón que lo convierte en algo importante es que vas a volver a tu trabajo con una visión más fresca y con menos ganas de procastinar. Ese pequeño descanso, ya sea por una taza de café o salir a almorzar, ayudará a tu mente a descansar, para que cuando hayas vuelto a ver las tareas, lo harás con una mente que es capaz de realizar la carga laboral que tengas, con menos miedos. El miedo lleva a la procastinación y la procastinación lleva a menores logros. Por lo tanto, evitalo. Tomate un descanso y luego volvé al trabajo con todo el swing.

La diferencia entre estar ocupado y sentirse ocupado

Muchas veces tendemos a pensar que estamos ocupados basándonos en cuánto hacemos. Cuántas más cosas tengamos que finalizar, más ocupados estamos. Y cuando tenemos muy pocas tareas para hacer, lo más "vagos" somos. Pero también podemos sentirnos ocupados aunqeu no tengamos mucho que hacer y relajados en el medio de un caos. Los estados "ocupado" y "desocupado" no son definidos por el que hacemos o lo que no hacemos. Nuevamente recordá, el cerebro solamente puede hacer algunas cosas a la vez. Estar ocupado es más un estado mental.

Cuál es la prioridad cuando me encuentro abrumado?

Los humanos son las únicas criaturas que se resisten al status quo. Queremos divertirnos bajo el sol e ir a ciudades que nunca duermen. Sin embargo, las penumbras durante el cambio de días y los cambios de estaciones son naturales y necesarios. El mensaje es claro: si te sentís cansado, entonces descansá. Descansá como el resto de la naturaleza realiza en tiempos de cambio.

Qué pasa si no tengo tanto timpo?

Existen solamente algunas horas en las cuales el cuerpo funciona antes de que comience a sentir fatiga. Con fatiga, cometés más errores, te sentís exhausto, más propenso a peleas y te encontrarás que no estarás pensando como deberías poder. Ese es el primer problema con el tiempo. El segundo es que el tiempo es finito, constantemente reducido por los segundos. Muchos de nosotros no tenemos tiempo libre para invertir en algo, y haciéndolo lo que hacemos es sacrificar sueño.

Dormir es muy importante. Dormir menos de hasta una hora de la que necesitamos, reduce nuestra capacidad cognitiva. Por lo que intentando hacer más con menos tiempo de sueño, estás arriesgando la calidad de tu trabajo, además de estarte dañando a tí mismo. Por lo tanto, no trates de manejar el tiempo, mucho mejor, manejá tu energía.

Tengo que hacerlo todo yo?

No deberías. Hacer todo el trabajo tu

mismo incrementa la carga en tí y priva a otros de hacer su parte. Todos deberían tener la posibilidad de brillar. Delegá más en tu casa y trabajo, así de paso, utilizarás el tiempo libre en hacer cosas que te gustan.

Qué debo hacer para poder decir No?

Mucha gente puede ceder ante pedidos repentinos porque no quieren defraudar a sus compañeros. Sin embargo, ésto puede ser más porque no quieren defraudarse a sí mismos, y a sentirse necesitados. Si miramos un poco hacia nosotros mismos, nos damos cuenta de que queremos que otras personas recurran a nosotros para ayudarlos, aunque sea en pequeñas cosas.

Cuando nos encontramos frente a alguna tarea poco placentera, es cuando nos sentimos más que contentos de que nos interrumpan y distraigan. Y más aún, no decimos que no. Manejamos perfectamente bien la interrupción. Si no es ahora, cuándo. Es importante ser razonablemente accesible para la gente con la que trabajás o vivís, pero no deberías pasar muchas de tus horas en que estás despierto, ayudándolos, cuando tenés cosas que hacer tu mismo. Es mejor priorizar tus propias necesidades, reconocer tus límites y no realizar multitareas. Ahí es cuando tenés que decir "no".

Bob Carter dijo una vez "la poca planificación de parte tuya no tiene porqué repercutir o transformarse en una emergencia en la mía". Cada tanto vas a sentir la necesidad de ayudar ante alguna solicitud de algún compañero, pero tenés que reconocer cuando sea necesario, que vas a estar dejando de hacer lo que estabas haciendo, y aprender entonces a decir "no", y así podrás gestionar tu propia eficiencia en el trabajo.

Mis cosas están tomando el poder de mi vida?

A mucha gente le pasa lo mismo, se ven agobiados por el desórden, toneladas de diarios y revistas, garages a punto de explotar con cajas aún sin abrir, armarios llenos como si fuera zara, y así. Este es un problema real ya que la falta de habilidad para organizarse hace que "las cosas" tomen el poder de mi vida. La necesidad de tener tantas cosas lleva a ciertas consecuencias.Los chicos se sobreestimulan con las colecciones y pierden la habilidad de enfocar o concentrarse. Las finanzas se dscontrolan por perder las boletas o por comprar en exceso. Ninguna de las dos partes de la pareja piensa en vender o dejar ir alguna de sus posesiones.

Tomar control de la casa es el primer paso importante; existe peligro en el mundo exterior, la estabilidad en el hogar puede asegurar la seguridad y dar cierta paz. El desórden puede abrumar y estresar, pero si uno puede sacar el problema del desóorden, entonces todo será mejor.

Es malo el estrés?

Cuando te estresás, tu cuerpo produce químicos que te protegen y aumentan la actividad en tu sistema inmunológico para generar defensas. Tu cuerpo y tu cerebro logran un impulso de ésto. Ese impulso de stress, creas o no, puede acabar con una enfermedad, hacer que las vacunas sean más fuertes y hasta protegerte de ciertos tipos de cancer. Pequeñas dosis de stress aumentan tu memoria. Sin embargo, demasiado estrés es algo malo. Ahí está el porqué debe de existir balance. Muy poco estrés no desdencadena las defensas de tu cuerpo y puede dejarte aburrido. Pero si es demasiado, te volverás malhumorado, cansado y hasta enfermo.

Qué sucede cuando siento ansiedad?

Muchas veces es preferible aceptar que tienes ansiedad y enfocarte en lo que tenés frente a ti. Tratar de evadirla o negarla hará que te sientas peor. Si estás en una entrevista, una fiesta o algún otro evento social, hacé contacto y escuchá a la gente. Sé consciente de lo que estás diciendo cuando tengas la oportunidad de hablar. Entonces cuando sientas ansiedad tratá de atacar el problema de frente. Para estar seguro, respirá profundo cada tanto para permitir que los pensamientos asociados a esa andiedad se vayan diluyendo.

Cómo puedo dejar de enfocarme en el reloj?

Es mediante prácticas espirituales que puedes desprenderte de ti así como remover la importancia del tiempo, dejando tu ego de lado.

El primer paso es poder desprenderte de la "dimensión temporal" lo más seguido posible. Aprendé a vivir en el momento. Practicá el desprenderte de lo que paso o de lo que puede llegar a pasar más adelante, ya que esas cosas no son importantes en tu ahora.

El segundo paso es el estar presente, como el observador en tu mente. Sé consciente de tus pensamientos, emociones, y reacciones en diferentes situaciones. Demuestra al menos un poco de interés en tus reacciones frente a ciertas personas o situaciones.

El tercer paso es el de utilizar completamente tus sentidos. Mirá alrededor, pero no interpretes lo que ves.

Sé consciente del espacio que permite todo. Escucha los sonidos, y el silencio. Tocá todo y sentí el tan solo ser.

Estos pasos zen mentales puede que no tengan mucho sentido, pero cuanto más distante y distraído estés del tiempo y del reloj, va a llevarte a que dejes de depender de ellos.

Capítulo 10 – Superando La Procastinación

No existe nada más potente que la procastinación cuando se trata de atacar hasta la lista de quehaceres mejor preparada. La procastinación es el ábito de retrasar el trabajo en las tareas hasta el último segundo, hace que la gente termine finalizándolas en períodos de tiempo minúsculos y en cierta forma, llega a hacer que algunos se sientan abrumados.

Muchas cosas pueden se las desencadenantes de la procastinación en diferentes personas. Para algunos es el sentirse tan abrumadas con tantas cosas para hacer, y la procastinación les da la oportunidad de "salirse" de todo, aunque sea temporalment. Para otras personas, es pereza. Aquí están las razones más comunes de porqué la gente pospone. Algunas pueden ser razones tuyas, incluímos cómo podemos atacarlas.

Estrés

El estrés puee ser un obstáculo de la eficiencia y productividad. Mucha gente pospone porque es un mecanismo que poseen para lidiar frente a situaciones que les genera mucho estrés. La buena noticia es que se puede manejar y reducir el nivel de estrés aunqeu necesita cierta constancia y tiempo.

Si te estresás con frecuencia y tendés a posponer para lidiar con él, una de las mejores maneras de reducir el estrés es simplemente tomando recreos regulares y divertirte. Trabaja menos, diviértete más. Sino, tal vez sea hora de que encuentres otro trabajo o te mudes a un vecindario menos estresante.

Considerá hacer algo que harías aunque

no te pagaran. Esas son las cosas que te harán sentir alegre y vivo, que son muy beneficiosas cuando tiene que ver con el manejo y reducción del estrés. Si amás escribir, considerá hacer un blog regularmente en tu BLOGSPOT o WORDPRESS como una forma de aliviar el estrés. Te gusta la bicicleta? Bueno, subite a la tuya y da unas vueltas alrededor de la cuadra, el vecindario o hasta por la ciudad, salí más seguido en 2 ruedas. Amás componer música o canciones? Porqué no tomarte tiempo regularmente y comenzar a grabar todas esas ideas que están retumbando por tu cabeza? Las posibilidade sson infinitas y ésto puede hacer maravillas por tí cuando se refiere a la eficiencia en el control de los niveles de estress en vez de posponer todo lo que tenés que hacer en tu lista de quehaceres.

Perfeccionismo

Una manera de generar el estrés y por ende el procastinar, es intentar convertirte en un perfeccionista y no conformarte con menos. Porqué? Podrías imaginarte qué estresante es tener que hacer todo a la perfección? Considerando que nadie es perfecto, nunca llegaremos a hacer las cosas perfectamente. Siendo un perfeccionista, te encntrarás atorado con cosas que no podés hacer a la perfección a expensas de otras que son importantes que cumplas. Va a generar que evites trabajar en otras tareas y por ende procastinar. También podrá ser que llegues a procastinar para lidiar con el estrés.

Otra razón de poqué el perfeccionismo puede llevar a la procastinación es que se te dan tareas con fechas límite vagas, te llevará para siempre el poder terminarlas. Hará que inconscientemente retrases el trabajo en otras tareas porque necesitás ser perfecto en ésta. Mientras que la excelencia es posible y alentada, el perfeccionismo es imposible y desalienta por la simple razón de que lleva a procastinar y a una menor productividad.

La solución al perfeccionismo es simple. Tan solo permitite a vos mismo el derecho a cometer errores y manejá la posibilidad de que (o no), Dios no lo permita, tu seas uno de ellos. Sos humano. Otra manera de convencerte a ti mismo de dejar el perfeccionismo es el siguiente: una tarea finalizada de manera imperfecta es más valiosa que una perfecta incompleta. Como dice el dicho, más vale pájaro en mano que cien volando.

Falta de habilidades

Si no estás lo suficientemente preparado para la tarea que necesitás realizar, ya sea personal o laboral, la procastinación es una opción muy válida antes que la verguenza. Porqué? Enfrentémoslo, es menos doloroso para tu ego ser criticado por perezoso que por incometente.

Llevando a cabo tareas que de manera honesta sabés que sos capaz de manejar o pensando largo y tendido acerca de tomar algunas que no sos la mejor opción, minimizás el riesgo de encontrarte en una situación difícil en la cual no puedas cumplir con una tarea. Cuanto menores situaciones como esas te enfrentes, menos incentivo para procastinar tendrás.

Falta de motivación

Cada tanto, todos sentimos pereza, y eso es normal. Pero si esa sensación se vuelve crónica y persiste, puede terminar en que seamos procastinadores habituales.

La mejor manera de motivarte y salir de eso es hacer un poco de introspección y ver cuál es tu propósito en la vida. Fallar en eso puede hacer que no logres ser la persona que puedes ser y por ende hacer que vivas con pereza y sin motivación.

Centrando tus tareas alrededor de metas más grandes y globales, puede ayudar significativamente a que dejes de posponer. Haciendo cosas que sabés que contribuyen al cumplimiento de tu propósito o alcanzando tus metas más grandes y prioridades, te ayudarás a motivarte para tomar acción y ser productivo. Serás capaz de completar tus listas de quehaceres.

Falta de disciplina

La motivación puede no ser suficiente para evitar el procastinar en algunos casos. Es porque la gente altamente motivada que tiene falta de disciplina son pura charla poca accción . Por otro lado, una persona poco motivada pero altamente disciplinada continuará trabajando en las tareas sin importar cómo se sienten. No posponen.

Desafortunadamente, la disciplina no es algo que puedas conseguir llamando al super. Lleva tiempo adquirirla. El lado triste es que cuanto más viejos somos, más difícil de cultivar es la disciplina. Las buenas noticias son que la esperanza eterna nos dice que no importa cuán difícil pueda ser hacerlo de viejos, aún es posible.

Si creés que necesitás más diciplina trabajando en las tareas de tus listas de quehaceres, podés usar ésta técnica, para evitar caer en la tentación de procastinar. Pensá en la peor consecuencia de fallar en el cumplimiento de una tarea, si no en todas, por posponer. Entonces, pensá en el placer más grande que podés llegar a experimientar si no posponés. Si, puede no ser tan poderoso como desarrollar la disciplina, pero es una buena alternativa, mientras seguimos el proceso de conseguirla.

Guía paso a paso

Hemos visto las causales de la procastinación y cómo sobrellevar cada una de ellas. Pero qué hay de la procastinación en general? Aquí hay algunos pasos para ayudar a controlarlas si los problemas persisten.

Paso 1: Reconocer que estás posponiendo

Si estás leyendo éste capítulo porbablemente estés autoexplicándote. Si querés estar seguro, realizá éste test online.

Para referencias, vayamos nuevamente a los indicadores de que probablemente estés procastinando:

Llenás tu día con tareas de baja prioridad tu lista de quehaceres

Leés emails varias veces y no comenzás a trabajar en ellos o decidir qué es lo qeu vas a hacer con ellos

Sentarte a realizar una tarea de alta prioridad, y antes de comenzar a hacerla, levantarte a prepararte un café

Dejar un item importante por mucho tiempo en tu lista de quehaceres sin realizar

Decir bastante seguido "SI" a tareas con poca importancia, que otros te piden, y llenar tu tiempo con ellas, en vez de realizar las tareas importantes que tenés en tus listas.

Estar esperando el "humor correcto" o "tiempo indicado" para comenzar las tareas importantes

También otras cosas importantes:

Dejar de lado una tarea poco importante, no quiere decir que estés posponiendo, también puede ser que estés priorizando.

Dejar de lado una tarea poco importante por un corto período de tiempo porque te estás sintiendo cansado, no es procastinar, posponer. Es algo que puede ser ocasional, siempre que no pospongas por más de un día. Si tenés una razón genuina para reprogramar algo importante, entonces ésto no es procastinar.

Pero si simplemente "inventás excusas" porque en verdad no querés hacerlo, entonces sí estás procastinando.

A ésta altura podrás estar pensando que procastinar significa que sos perezoso o que no lográs tus metas. Pero la verdad es que que es indepente de los logros, la energía, o autoestima. Podés ser una persona que te guste más hacer matemáticas, que tus compañeros, pero al mismo tiempo podés odiar escribir largos reportes. Aun cuando seas enérgico o te tengas confianza, podés ser un procastinador, así qeu no te preocupes mucho.

Paso 2: Identificar el PORQUE Procastinás

Esto puede depennder tanto de ti como de la tarea en sí. Pero es importante entender cuál de las dos es relevante en alguna situación, de éste modo podrás elegir la mejor manera de sobreponerte a ella y seguir adelante.

Una razón es que la gente encuentra un

trabajo en particular como poco placentero, y trata de evitarlo por eso mismo. Muchos trabajos en los que la gente se desempeña tienen aspectos poco placenteros o aburridos. La mejor manera de tratar con esos problemas es sacándoselos de arriba y terminandolos lo más rápido que se pueda, para poder enfocarte en los aspectos más disfrutables del trabajo.

Otra razón que puede ser, es que la gente sea desorganizada. La gente organizada logra evadir la tentación, porque atacan las tareas con cronogramas y planes sabiendo lo importante que es el trabajo que están realizando e identifican precisamente el momento de terminarlo. También planean cuánto les va a llevar realizar esa tarea, y van a haber trabajado desde el comienzo hasta el final. La gente organizada también está preparada para evitar procastinar, porque saben cómo hacer para desmenuzar el trabajo en tareas y procesos para realizarlos paso a paso.

Pero, aunque seas organizado, podés sentirte abrumado por la tarea. Podés dudar de tus habilidades o recursos que necesitás, y por ende, terminás realizando tareas que sí sos capaz de cumplir. Pero por más que quieras que se vayan por ignorarlas y mantener tu mente ocupada con otras cosas, esas tareas no van a desaparece. No hasta que no las termines tú.

Pero, supongamos que tenés éxito, qué pasa ahora? Podrás encontrarte haciendo más y más trabajo sin tener un punto de finalización próximo. Puede llevarte a que tengas el mismo miedo al éxito que al fracaso.

Otra causal podría ser tener poco desarrollada la habilidad de decidir (o falta de habilidades en general, como ya hemos descrito). Tener poco juicio lleva a no saber qué hacer, y dejar la tarea de lado.

Paso 3: Adoptar estrategias anti procastinación

La procastinación es un hábito, está muy arraigado a los patrones de comportamiento. Es por eso que no es necesario que esté conectado al optimismo o al logro. No es algo que podés romper de la noche a la mañana. Los hábitos dejan de ser hábitos solo cuando dejás de practicarlos. Entonces, utiliza la mayor cantidad de enfoques para terminar con éste mal hábito. Todo el mundo es diferente, por lo que algunos consejos pueden funcionar para algunos y para otros no.

Aquí hay algo para refrescar los consejos generales que pueden ayudarte:

- Generate tus propias recompensas. Pormetete algo que deseas, como tu comida favorita o tu bebida favorita. Y recordate lo bien que te sentís al terminar una tarea.

- Pedile a alguien que te controle. Agregando a alguien a tu trabajo, generás un pico de presión extra en terminar las cosas.Este principio se encuentra en los grupos de autoayuda, y es reconocido como altamente efectivo. Para mejor efecto, comprometete a alcanzar determinado punto al momento de entregarlo.

- Identificá qué es lo qeu puede pasar si NO completás la tarea. Por ejemplo puede ser que no te paguen o prohibite ver la película que querías ver por no haberlo completado.

- Pensá en el costo que tenés para tu empleador. Tu empleador te paga para que hagas las cosas que son importantes, y vos no le estás generando ingresos con trabajos que no completás. Por lo tanto, trabajá y ganá tu paga.

- Apuntá a completar algo todos los días sin falta. Aunqeu sea algo loco como "comer una hormiga todas las mañanas", porque, si podés hacer ESO, podés hacer lo que quieras.

Si estás posponiendo porque sos desorganizado, éstos consejos pueden remediarlo:

- Mantené tu lista de quehaceres, para que puedas revisar y no olvidarte de las tareas

- Utilizá el Principio de Eisenhower (Urgente/Importante) para priorizar tu lista de quhaceres. De ea manera no vas a dejar de lado algunas cosas importantes que tenés que realizar primero por alguna que no tiene tanta importancia.

(Para usar ésto, decidí si la tarea entra en alguno de las 4 combinaciones posibles Urgente -Si o No- e Importante -Si o No-)

- Convertite en un maestro de la planificación y programación. Esto puede requerer de algo de práctica, pero una vez que lo tenés dominado, sabrás cuándo empezar los proyectos importantes.

- Establecete metas con tiempo, para que no tengas porqué postergar.

- Enfocate en una tarea a la vez. Si son muchas, te podés sentir desmotivado y ésto te lleva a procastinar.

Si estás retrasando el comienzo de un proyecto porque te sentís abrumado, probá ésto:

- Desmenuzá el proyecto en un set de tareas más manejables, más pequeñas. Podés hasta generarte un plan de acción (ver capítulo 1)

- Comenzá con pequeñas y rápidas tareas si podés. Puede no sonar lógico al principio, pero vas a sentir que lográs algo. Realizá ésto varias veces y verás que el proyecto global no es tan abrumador.

Si estás haciéndolo porque encontrás que la tarea no es placentera, pensá en éstas ideas:

- Muchos procastinadores sobreestiman lo poco placentero de una tarea y no se molestan. Hacé la tarea y fijate si era tan mala o no.

- Decite a vos mismo (en voz alta y en tu mente) qué pasaría si la embarraras.

- Nuevamente, premiate por completar la tarea.

Recordá: cuanto más tiempo puedas pasar trabajando sin posponer, mayores serán las chances de que rompas con este mal hábito. Para tener mejores chances, vas a tener que reconocer el momento en el que lo estás haciendo. Después identificá el porqué lo hacés y armá planes para evitar éste problema en el futuro.

Capítulo 11 – Otros Consejos Utiles Para Maximizar Tus Listas De Quehaceres

"Ser incapaz de decir NO, puede hacer que te estreses, que te agotes y te vuelvas irritable" - Auliq Ice

Como dice la cita anterior, ser incapaz de decir no puede mantenerte alejado de ser productivo. Cuando siempre decís "SI", eventualmente estás llenando tu plato, hasta sobrepasarlo. Eventualmente te sentirás agotado, o peor, renunciarás. De ser productivo podrías pasar a ser improductivo.

Como un autor dijo una vez, requiere de mucho el poder decir "NO" cuando en tu interior querés responder de manera afirmativa. Vas a necesitar mucha práctica y dominar el arte de decir no en pro de tu productividad, aunque tus víceras quieran gritar "SI". Te libera el tiempo para ser más productivo y poder ordenar tus prioridades.

Una de las mejores maneras para aprender cuando decir no es saber qué es lo importante para ti. Cuando sepas eso y veas cómo el decir sí a algo que no está relacionado, puede interponerse con tus prioridades, podrás fácilmente decir no. Si sabés, por ejemplo, que lo más importante para vos en el mundo es el de poder proveer bien para tu familia, decirle "no" a un viaje de ski (por más que sea todo pago) va a ser fácil si sabés que se interpone frente a terminar el trabajo que tenés asignado y que puede ayudarte a que te promuevan a supervisor.

Conocé tus prioridades y aprendé a decir "NO" para ser más productivo

Otra manera en la que podés maximizar tus listas de quehaceres es ejercitando. Cómo? Cómo es que ésto está relacionado, podés preguntarte. Bueno, dejame explicarte.

Primero, ejercitar de manera regular, ayuda a mejorar el flujo sanguíneo, que incluye el flujo hacia el cerebro. Cuando mejora el flujo de sangre hacia el cerebro, incrementa la performance cognitiva, que puede ayudarte a finalizar las tareas en menor tiempo. Trabajando de manera más inteligente, podrás lograr cumplir con más tareas y mejorar tu productividad personal.

Segundo, ejercitar de manera regular, aumenta tu stamina, que en retorno te permite manejar mejor tus niveles de energía. Cuando se mejora tu stamina, podés hacer más cosas de tu lista de quehaceres, por ende, sos más productivo.

Tercero, ejercitar regularmente te mantiene en forma. Qué tiene que ver eso con tu lista de quehaceres?, Bueno, si estás en forma, te sentís mejor contigo mismo, eleva tu espíritu, y ésto te inspira a trabajar más duro y de la manera más inteligente la mayor parte del tiempo, lo que lleva a que logres cumplir con más tareas de tu lista.

Por último, comer bien puede ayudarte a maximizar tu lista de quehaceres también. Cómo? Comer de manera saludable produce células saludables, qeu son importantes para una performance mental y física óptima. Cuando funcionás mejor, lográs más, tan solo con limpiar tu dieta.

Considerá por ejemplo cómo una dieta llena de azúcar puede afectar la performance mental. Una dieta así tiene picos de altos y bajas que te hacen sentirte somnoliento y decaído. Imaginate si pasás de estar allá arriba y caer al fondo en cuestión de minutos? Eso te detendría tanto mental como físicamente y te llevaría más poder completar las cosas que tenés que hacer y eso reduce tu productividad.

Las dietas bajas en vitaminas y minerales importantes, repercuten de manera negativa en la performance cognitiva. Como resultado verás tu habilidad de lograr cosas disminuída. Por ejemplo, un déficit enn la vitamina B, puede resultar en baja salud neuronal y como resultado ver disminuída tu performance mental. Comiendo comida saludable en las medidas juntas, junto con suplementos pueden comenzar a ayudar en tu performance mental y permitirán que cumplas más de las tareas que tenés en tus listas de quehaceres en menor tiempo.

Conclusión

En éste libro, hemos tocado diferentes tópicos. Desde tácticas efectivas hasta apps qeu te pueden ayudar a organzar tu carga laboral, éste libro te tiene cubierto. Si es necesario, releelo y recordá separar las prioridades en diferentes momentos así, de esa manera, sabrás en qué trabajar y en qué momento. Por ejemplo, el momento más productivo de tu día es cuando te levantás en la mañana e inmediatamente después de haber tomado un descanso. Esos son los momentos en que estás más enfocado y tenés más energía, y es cuando deberías ver tus listas y asegurarte de comenzar a trabajar en las tareas más importantes.

Tu sistema de armado de las listas se simplifica utilizando mis métodos porque muchas veces lo simple es lo más efectivo para que puedas majenarlo. Trabajando en tus notas, estableciendo intervalos, contestando emails en determinados momentos, trabajando con las pilas de trabajo, podés dividir tu trabajo en pequeñas unidades a lo largo del día, y podrás haber hecho más. También hacés que sea más fácil seguir los eventos teniendo alertas y asegurándote de que los items de tus listas están desagregados en trabajos más pequeños y realizables en ves de bolas enormes que te abruman mentalmente.

Los apps que sugerí en éste libro han sido testeados y son los que recomiendo que pruebes. Podés probar otros apps que se encuentren en el app store si querés. La idea es que encuentres el que te sea más fácil de usa. Evitá lo complejo. La razóm por la que tenés tantos problemas con la cantidad de trabajo que tenés es porque ya lo hiciste complicado. Hacé las cosas más simples. No uses sistemas que hagan la carga laboral más pesada. Creeme cuando te digo que algunos sistemas consumen tanto tiempo que hacen que la carga se vuelva más pesada de lo que debe ser.

Por sobre todas las cosas, jugá con las alertas y asegurate de que cuando una suena en tu teléfono o tablet, actuarás. Nunca pospongas y te digas a ti mismo que la recordarás, porque haciendo ésto, te estas programando para una falla potencial. Si tenés que dejarla de lado, reprogramá la alerta para otro momento. Si lo hiciste, entonces no tenés porqué estar usando espacio en tu memoria, que podrías estar usando en otra cosa. Cuando comenzás con una rutina que funciona para vos, tratá de usarla para las partes flacas de tu grupo de trabajo, a manera de que puedas transferirles trabajo y estén en la misma página. Si todos están trabajando de la misma manera, asegura que todos puedan haber sido más productivos al final del día.

Trabajar puede ser abrumador de tiempo en tiempo. Recordá que ésta razón puede ser porque te abrumes por sobrepensar las cosas y no delegar de la manera que deberías. Cuando más eficiente sea tu sistema de quehaceres, entonces más cosas podrás hacer, ese es un paso enorme en la dirección correcta. Prepará tu sistema para que éste tome el control. Tus entradas en tu lista de quehaceres y tus notas se van a convertir en algo tan automatizado que no vas a tener que hacer seguimientos nunca más y vas a poder cumplir con todas las fechas de entrega a tiempo, y con tiempo de sobra para una taza de café. Entonces verás que no solo ahorraste tiempo para ti, sino que el tiempo lo usaste de manera sabia.

Entonces, tomá ésto que aprendiste de éste libro y armá las listas de quehaceres uqe puedas manejar de manera eficiente. Te lo agradecerás después. Te deseo el mayor de los EXITOS,

www.ingramcontent.com/pod-product-compliance
Lightning Source LLC
Chambersburg PA
CBHW072003070526
44583CB00015B/1312